La era de los descubrimientos

500 datos interesantes sobre la exploración europea a principios de la Edad Moderna

Índice de contenidos

Introducción

La exploración y el descubrimiento han dado forma al mundo en que vivimos hoy. Desde la **exploración portuguesa de África** en 1415 hasta **el viaje del capitán James Cook a Nueva Zelanda** en 1769, estos valientes exploradores dieron pasos monumentales para descubrir nuevas tierras y culturas que alterarían para siempre la historia del mundo. En este libro, emprenderás un viaje en el tiempo mientras exploramos algunas de las expediciones más importantes.

Empezaremos con las aventuras de Portugal en aguas desconocidas a partir de 1415, cuando se ellos pusieron manos a la obra para **descubrir una ruta comercial africana** en torno al cabo Bojador. Dados los famosos viajes de **Cristóbal Colón** a través del océano Atlántico hacia las Indias, poco más de cincuenta años después, estaba claro que no había límites a lo que se podía explorar si uno se atrevía a intentarlo.

Los corsarios también participaron durante esta época enfrentándose a piratas y asumiendo las tareas más nefastas mientras exploraban las lejanas costas de Asia, África y América. Estas actividades contribuyeron a darle forma a la industria del comercio de esclavos, que ya existía desde hacía siglos.

También exploraremos muchas otras exploraciones famosas, como el viaje de **Jacques Cartier** por el río San Lorenzo, la **colonización española en México y Perú, la exploración francesa de Canadá** y **la exploración holandesa de Indonesia**.

Por último, analizaremos algunas expediciones más modernas, como **el viaje del capitán James Cook alrededor de Nueva Zelanda** en 1769, **la exploración rusa** de las islas Aleutianas en la década de 1670 y la **expansión británica en Norteamérica** entre 1700 y 1763.

Acompáñanos en este increíble viaje en el tiempo para descubrir lo que estos exploradores lograron durante sus audaces aventuras.

Exploración portuguesa de África
(1415-1488)

Este capítulo explorará la increíble historia de la exploración portuguesa en África entre los años 1415 y 1488. Descubre algunos datos fascinantes sobre los intrépidos exploradores, como sus descubrimientos, sus logros y su impacto en el comercio mundial.

1. A principios del siglo XV, **los portugueses comenzaron a explorar África** navegando a lo largo de la costa occidental de este continente en busca de una ruta marítima hacia Asia.

2. En 1434 **doblaron con éxito el cabo Bojador** y continuaron hacia el sur por la costa occidental africana.

3. Los **exploradores portugueses llegaron hasta el sur de la actual Angola** y entraron en contacto con los reinos locales.

4. A finales del siglo XV, **Portugal había establecido puestos comerciales** y fortificaciones en la costa occidental africana, como Elmina, donde explotaron una mina de oro con bastante éxito.

5. En las décadas de 1440 y 1450, **el príncipe Enrique "el Navegante" fue** una figura importante en la exploración portuguesa de la costa noroccidental de África.

6. A mediados del siglo XV comenzó el **comercio de oro** entre los europeos, principalmente portugueses, y el pueblo ghanés.

7. En la década de 1450, **los exploradores portugueses llegaron al Cabo Cross y al extremo sur de la actual Angola.**

8. En 1471, Portugal había establecido asentamientos en **Sofala** (Mozambique), **Kilwa** (Tanzania) y **Mombasa** (Kenia).

9. En 1484, llegó a la **desembocadura del río Congo** y remontó el río, convirtiéndose en **el primer europeo que exploró** partes considerables de África centro-occidental.

10. En 1484, llegó a la **desembocadura del río Congo** y remontó el río, convirtiéndose en **el primer europeo que exploró** partes considerables de África centro-occidental.

11. A finales del siglo XV, **Portugal inició su conquista** para hacerse con el control de partes más extensas de las regiones costeras, incluidos los territorios en torno al cabo Bojador y el cabo de las Agujas.

12. El 17 de enero de 1501, el **explorador João da Nova avistó la isla Ascensión y Santa Elena;** bautizando a la primera en honor al día del descubrimiento.

13. El **explorador Bartolomeu Dias fue el primer europeo en doblar el cabo de Buena Esperanza, en África,** el 11 de enero de 1488.

14. El 12 de marzo de 1488, **el explorador Bartolomeu Dias se convirtió en el primer occidental en ver el océano Índico** desde el extremo sur de África cuando llegó a Kwaaihoek, cerca de Mossel Bay (Sudáfrica).

15. **Vasco da Gama zarpó de Lisboa rumbo a la India** el 8 de julio de 1497, llegando a la India tras rodear el continente africano en 1499 y marcando una nueva era en el comercio entre Europa y Asia.

Viaje de Alvise Cadamosto a lo largo de la costa de África (1454)

En este capítulo **exploraremos el extraordinario viaje de Alvise Cadamosto, explorador y comerciante italiano** que zarpó en 1455. Conoceremos datos interesantes sobre su viaje por la costa africana en nombre de Portugal.

16. **Alvise Cadamosto fue un explorador y comerciante italiano** conocido por su exploración de la costa africana a mediados del siglo XV.

17. **Nacido en el seno de una familia de mercaderes de Venecia, adquirió** mucha experiencia en los mares durante sus primeros años, siendo miembro de varias **misiones venecianas** diferentes antes de zarpar en torno a la costa de África.

18. **Patrocinado por el príncipe portugués Enrique el Navegante,** la participación de Cadamosto en la exploración de la costa africana fue en parte accidental. Su intención inicial era navegar a Flandes como parte de la tripulación de la galera mercante veneciana con su hermano.

19. Este viaje inicial se retrasó en Portugal a causa de un tiempo desfavorable, durante el cual **Cadamosto fue abordado por los representantes del príncipe Enrique**, que le ofrecieron la posibilidad de zarpar hacia la costa occidental de África para explorarla.

20. **Cadamosto aceptó, creyendo que era su destino emprender una empresa tan ambiciosa,** y dejó a sus compañeros de tripulación para preparar la expedición patrocinada.

21. En marzo de 1455, **Cadamosto zarpó con una carabela portuguesa a lo largo de la costa occidental africana** y con la expedición examinó minuciosamente todo lo que encontró por el camino.

22. Al final, la expedición daría como resultado que **Cadamosto y sus hombres cartografiaran la mayor parte de la costa occidental africana,** tomando nota de los pueblos locales y los accidentes geográficos de la tierra desconocida.

23. La **expedición descubrió la desembocadura del río Gambia en el verano de 1455,** donde encontraron resistencia por parte de la población local, que les arrojó proyectiles.

24. **Cadamosto y su tripulación intentaron limitar al máximo el contacto directo con los nativos africanos** para evitar conflictos y preservar la mano de obra.

25. **Regresaron a Portugal a** finales de año, llevando consigo a varios cautivos africanos.

26. En 1456, **Cadamosto partió de nuevo a explorar la costa africana,** esta vez con una expedición más numerosa para ampliar su viaje anterior.

27. La **segunda expedición partió de la ciudad portuaria de Lagos** en mayo de 1456 y siguió prácticamente la misma ruta que la primera.

28. A lo largo de sus aventuras, **Cadamosto llevó un diario detallado en el que describía cada acontecimiento importante de los viajes.**

29. Gracias a la publicación de este documento, **el conocimiento de África por parte de los europeos aumentó mucho más que antes del mismo.**

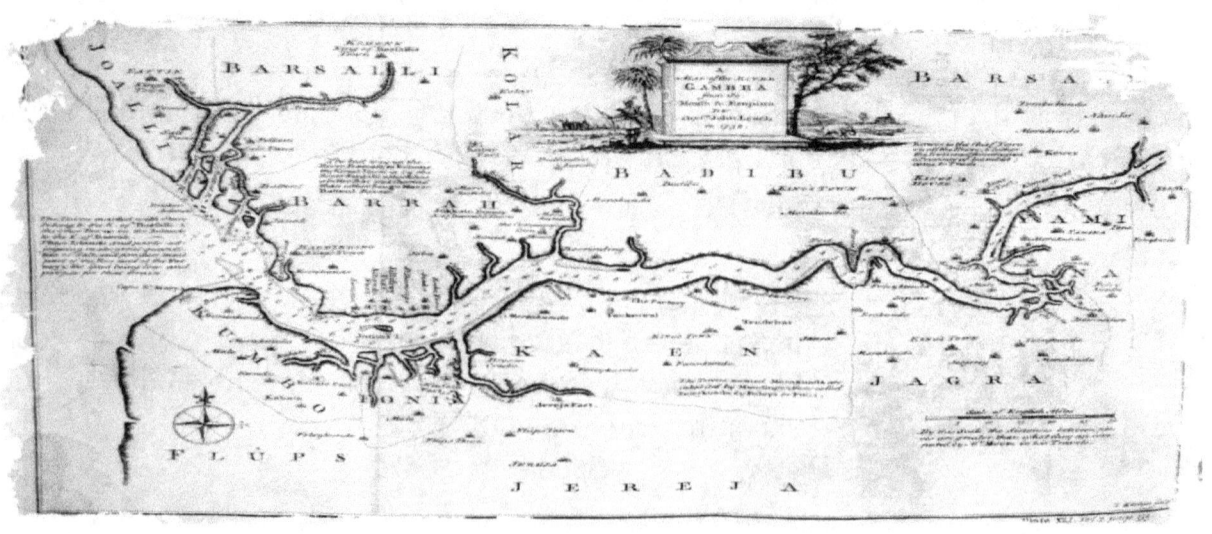

Los viajes de Cristóbal Colón a América
(1492-1504)

En este capítulo exploraremos los viajes de Cristóbal Colón a las Américas. Descubriremos quince datos interesantes sobre su viaje, como adónde fue y qué descubrió. Descubriremos cómo **estas expediciones ayudaron a Europa a comprender el mundo** y propiciaron un aumento del comercio.

30. **Cristóbal Colón fue un explorador italiano** que realizó cuatro viajes a América entre 1492 y 1504.

31. Antes de zarpar, **Colón intentó conseguir fondos de la Corona portuguesa.** Se los denegaron, por lo que se vio obligado a dirigirse a España para solicitar fondos.

32. En 1492, **Cristóbal Colón zarpó desde España** en busca de una ruta marítima hacia la India, pero en dirección al oeste, con una flota de tres naves.

33. **Colón creía que podría llegar a la India navegando hacia el oeste, pues tenía la intuición de que la Tierra era esférica.** Sin embargo, subestimó la circunferencia de la Tierra, creyendo que el mundo era mucho más pequeño de lo que es en realidad.

34. **Llegó al Caribe el 12 de octubre y creyó encontrar las Indias Orientales.** A los indígenas que vivían allá se les llamaba indios.

35. **Colón y sus hombres se encontraron con los indígenas taínos.** Colón intentó establecer relaciones amistosas con los taínos, pero a medida que aumentaban las tensiones, recurrió a métodos violentos para subyugarlos.

36. En su primer viaje, **Colón exploró Cuba, La Española** (donde están las actuales Haití y República Dominicana), **Jamaica y otras islas cercanas.**

37. **En su segundo viaje a América, exploró varias islas del Caribe y estableció una colonia llamada La Isabela,** que no funcionó debido a la hostilidad de los nativos y al mal tiempo.

38. **El segundo viaje fue mucho mayor.** Diecisiete navíos transportaban a cientos de viajeros que buscaban colonizar nuevas tierras en las Indias.

39. **Muchos de ellos eran agricultores o jornaleros.** Vinieron a adquirir tierras propias para hacerse ricos e influyentes.

40. Durante este viaje, **Colón descubrió Trinidad y Tobago, situadas** frente a las costas de Venezuela.

41. **Exploró América Central en su cuarto viaje** (1502-1504).

42. En 1503 **zarpó de nuevo hacia La Española, pero se vio obligado a entrar en Jamaica debido al mal tiempo**. Allí quedó varado hasta 1504.

43. **Colón estableció colonias españolas por todo el Caribe y Centroamérica,** pero la mayoría de ellas fracasaron.

44. **Las colonias españolas crecieron exponencialmente en el Nuevo Mundo, lo** que permitió a España convertirse en uno de los imperios más ricos de Europa.

Exploración portuguesa de la India
(1497-1641)

La exploración portuguesa de la India fue un momento crucial en la historia de las interacciones de Europa con Asia. En este capítulo, exploraremos dieciocho hechos fascinantes sobre los viajes portugueses a la India y la posterior colonización que tuvo lugar allí.

45. En 1497, **el explorador portugués Vasco da Gama zarpó de Portugal rumbo a la India.**

46. **Llegó a Calicut** (ahora llamada Kozhikode), ciudad portuaria de la costa suroeste, y fue recibido por los gobernantes locales.

47. **El zamorin (rey) de Calicut dio permiso a da Gama para comerciar y establecer puestos comerciales.**

48. **A su regreso a Portugal, en septiembre de 1499, da Gama** trajo de la India valiosos regalos, como especias y sedas, considerados artículos de lujo en Europa desde la antigüedad.

49. **El rey Manuel I de Portugal ordenó que se enviaran más barcos para seguir explorando** y creando oportunidades comerciales con países asiáticos, entre ellos China y las islas de Java.

50. **Aunque al principio los portugueses fueron bien recibidos por los gobernantes locales, como los de Cochin (Kochi) y Cannanore (Kannur),** empezaron a surgir tensiones entre ellos debido a diversos factores, como las diferencias culturales.

51. **Para controlar mejor sus territorios en la India, Portugal estableció en septiembre de 1505 el Virreinato de la India Portuguesa**, que sobreviviría durante los cuatro siglos siguientes.

52. **Francisco de Almeida se convirtió en el primer virrey de la India portuguesa,** logrando establecer una fuerte presencia naval en la región y contribuyendo a las ganancias económicas de Portugal con el nuevo virreinato.

53. En 1509, **Afonso de Albuquerque fue nombrado gobernador de los asentamientos portugueses en la India** y llegó a Calicut con una flota de barcos para establecer allí el primer puesto comercial portugués.

54. A **continuación, se propuso conquistar Goa,** una isla de la **costa india que había estado bajo dominio musulmán** desde 1469. En 1510, tras un asedio de tres meses, logró capturarla.

55. **Goa se convirtió en la capital de la India portuguesa** y en un importante centro comercial y administrativo.

56. **Esta victoria estratégica abrió a Portugal muchas más rutas comerciales** y les proporcionó acceso a valiosos recursos como las especias y el marfil de África Oriental, como los actuales países de Mozambique y Somalia.

57. **Los portugueses construyeron varias iglesias y fortalezas impresionantes por toda la India.** Un ejemplo fue la iglesia de San Pablo, en la antigua Goa, que sigue en pie.

58. La **poderosa presencia de Portugal provocó una oleada de cristianismo en el sur de Asia,** con actividades misioneras emprendidas desde su centro en Goa.

59. **La Inquisición de Goa, creada** en 1561, introdujo una serie de medidas opresivas y persiguió a **muchas religiones no cristianas de la India, obligando a miles de personas a convertirse.**

60. A finales del siglo XVI, **Portugal se había convertido en una de las potencias más influyentes de Asia,** con bastiones en India, China y África Oriental.

61. **Portugal llegaría a disfrutar de un dominio casi total en el océano Índico** antes de la llegada de los holandeses, que desafiaron las pretensiones portuguesas en Malasia e Indonesia en el siglo XVII.

62. **Portugal dejaría una huella indeleble en la cultura del sur de Asia a** través de su arquitectura, su cocina y su lengua. Estas influencias siguen presentes hoy en día.

Exploración portuguesa de Brasil
(1500-1700)

En este capítulo, **exploraremos la increíble historia de la exploración portuguesa de Brasil** entre 1500 y 1700. Descubriremos dieciséis datos interesantes sobre la colonización, las redes comerciales, los choques culturales y mucho más.

63. En 1500, **los portugueses se convirtieron en el primer país europeo en colonizar Brasil.**

64. **La costa brasileña fue explorada por un explorador portugués llamado Pedro Álvares Cabral** en abril de ese año.

65. **Él llamó a la zona Terra de Vera Cruz, que significa "Tierra de la Vera Cruz",** y la reclamó para Portugal cuando desembarcó en sus costas.

66. En 1501, el **explorador italiano Américo Vespucio, que ya había viajado con Cristóbal Colón,** llegó a Brasil con los portugueses y participó en la exploración de la zona. A veces se discute su presencia en Brasil.

67. Un cartógrafo alemán llamado Martin Waldseemüller **bautizaría todo el continente con el nombre de América del Sur** en honor a Américo Vespucio. **Vespucio fue uno de los primeros europeos en darse cuenta de que la tierra descubierta no formaba parte de la India.**

68. **Con el tiempo, Portugal entraría en contacto con la población nativa de Brasil, los tupis,** que vivían en pequeñas comunidades a lo largo de la costa.

69. En 1500, **Portugal hizo de Brasil una colonia real**, pero no fue hasta 1549 cuando la Corona portuguesa creó la Gobernación General de Brasil, estableciendo de hecho la administración colonial.

70. El **nombre de la colonia, Brasil, procedía del árbol local del palo de Brasil**, que se consideraba un bien valioso por el tinte rojo distintivo que podía obtenerse de su fabricación.

71. En 1565, **los portugueses fundaron Río de Janeiro en el sur de Brasil,** ciudad que acabaría siendo la capital del país de 1763 a 1960.

72. **Río se convirtió pronto en un importante puerto comercial gracias a su situación estratégica** y a los ríos navegables que conectaban las zonas interiores de Brasil con el resto del continente.

73. A mediados del siglo XVI, **los jesuitas portugueses llegaron a Brasil** y empezaron a construir escuelas e iglesias, al tiempo que convertían a los indígenas al catolicismo.

74. En 1600 **ya se habían establecido la mayoría de las ciudades modernas actuales, como Salvador, la primera capital de la colonia, y Recife.** Las influencias europeas se dejaban sentir en su arquitectura y cultura.

75. **Cuando se descubrió oro en el interior, cerca de Ouro Preto, en Minas Gerais**, a finales del siglo XVII, cientos de colonos acudieron a la zona, lo que provocó un aumento de las actividades comerciales en territorio brasileño.

76. La **esclavitud se hizo cada vez más común debido a la necesidad de mano de obra en minas o plantaciones** y para aquellos que no podían pagar sus impuestos.

77. **Brasil adquirió pronto una importancia económica capital para Portugal.** Durante mucho tiempo, Brasil fue el mayor productor mundial de azúcar y, más tarde, de café.

78. **Brasil sería, con mucho, la mayor colonia de Portugal.** Se independizaría en el siglo XIX, en 1822.

Piratería, corsarismo y trata de esclavos en el Atlántico
(1500-1722)

Este capítulo se adentra en la historia de la piratería, el corsarismo y la trata de esclavos en el Atlántico. Descubriremos quince datos fascinantes sobre piratas y corsarios, sus motivaciones para atacar y el impacto de las leyes antipiratería en las rutas comerciales internacionales.

79. Durante los siglos XVI y XVII, **la piratería se convirtió en un grave problema en el océano Atlántico**.

80. La **piratería estaba tan extendida durante este periodo** que empezó a afectar negativamente a las rutas comerciales internacionales, afectando principalmente a Europa, África y Norteamérica.

81. **En respuesta a la actividad pirata, muchos países aprobaron leyes contra la piratería,** como las Leyes de Navegación de Inglaterra.

82. **Las Leyes de Navegación prohibían a los barcos extranjeros comerciar con sus colonias sin pagar antes impuestos.**

83. Los **gobiernos reclutaban barcos,** conocidos como **corsarios**, que estaban autorizados a atacar barcos enemigos o piratas.

84. **El grupo más famoso de corsarios era el conocido como la Cofradía de los Hermanos de la Costa**, que operaban principalmente en torno a Centroamérica y el mar Caribe en el siglo XVII.

85. La **trata de esclavos en el Atlántico constituyó una parte importante del comercio internacional durante este periodo** y fue testigo de la venta de millones de africanos como esclavos en todo el mundo.

86. **Los corsarios participaban en el comercio de esclavos,** aunque no en la misma medida que los traficantes regulares.

87. El **capitán William Kidd fue uno de los corsarios más destacados de su época;** originario de Escocia, se había hecho un nombre en todo el Atlántico, a menudo contratado por la Corona británica para proteger los intereses británicos en Norteamérica.

88. Muchos piratas formaron sus propias "repúblicas piratas", que eran refugios seguros donde estarían a salvo de la persecución o interferencia del gobierno siempre que respetaran las leyes locales.

89. Los corsarios de Berbería estuvieron entre los piratas más feroces del mar en el siglo XVII. Cazaban principalmente barcos europeos en el Mediterráneo.

90. En 1698, **Gran Bretaña aprobó su primera ley contra la piratería,** que otorgaba más poder a las fuerzas navales en el mar y permitía castigos más severos para quienes fueran sorprendidos pirateando o corsarizando.

91. Edward Teach, o "Barbanegra", fue un infame pirata británico y el capitán del Queen Anne's Revenge, un barco pirata que aterrorizó las rutas marítimas de Norteamérica antes de encallar frente a lo que hoy es Carolina del Norte en 1718.

92. En 1713, **se firmó el Tratado de Utrecht entre Gran Bretaña y Francia,** que incluía disposiciones sobre corsarismo relacionadas con estos países.

93. El **corsarismo fue totalmente denunciado y abolido como práctica en el siglo XIX** con la Declaración de París de 1856.

El descubrimiento del Río de la Plata por Juan Díaz de Solís

(1515-1516)

En este capítulo exploraremos el descubrimiento del Río de la Plata por Juan Díaz de Solís. Acompáñanos a descubrir diecisiete datos interesantes sobre su viaje, desde el descubrimiento de las tribus nativas hasta los territorios que exploró.

94. **Juan Díaz de Solís fue un explorador español que partió en 1515 en busca de la legendaria ciudad de El Dorado y sus riquezas.**

95. **Su viaje le llevó al sur, a lo largo de la costa atlántica** de Sudamérica, hasta lo que hoy es Argentina y Uruguay.

96. En su viaje **descubrió un gran río estuario, al que llamó Río de la Plata, debido a las** noticias de que en sus orillas se podía encontrar plata.

97. En diciembre de 1515 **se encontró con varias tribus indígenas,** entre ellas **los charrúas** (del actual Uruguay) y **los guaraníes** (del actual Paraguay).

98. El **estuario del río fue explorado brevemente por Fernando de Magallanes**, que llegó a la desembocadura durante su viaje de 1520 antes de proseguir la vuelta al mundo.

99. **Se desconoce la causa exacta de la muerte de Díaz de Solís,** e incluso se cree que se ahogó en el Río de la Plata.

100. En 1516, **Álvar Nuñez Cabeza de Vaca asumió el mando de la expedición** y continuó explorando el Río de la Plata.

101. A **pesar del entorno hostil y la falta de recursos, la expedición de Díaz de Solís logró** cartografiar gran parte de lo que hoy se conoce como Argentina y Uruguay.

102. **A partir de este descubrimiento, se abrió una nueva ruta comercial entre España y Sudamérica, que** permitió a los mercaderes acceder directamente a mercancías como la plata.

103. El **Río de la Plata se convertiría en una importante puerta de entrada para los colonos** que pretendían establecerse en Sudamérica. Era un punto de entrada al continente.

104. **Los colonos pasarían a formar Buenos Aires,** que se convirtió en una de las mayores ciudades de Sudamérica, cerca de la desembocadura del río.

105. Con el tiempo, se **hicieron más descubrimientos en la región,** incluido el hallazgo de varios pueblos indígenas con los que no se había contactado antes, como **las tribus Chaná y Yaro.**

106. **Tras la exploración de Sudamérica, España y Portugal se repartieron las nuevas colonias** según la línea de demarcación establecida en 1494 en el Tratado de Tordesillas.

107. Según el tratado, **todas las tierras colonizadas y exploradas serían divididas por las dos naciones** a ambos lados del meridiano 370 leguas al oeste de Cabo Verde.

108. **El descubrimiento de Díaz de Solís le proporcionó fama** y una gran riqueza a España.

109. **El Río de la Plata es hoy uno de los mayores estuarios del mundo, con** unos cuatrocientos kilómetros de largo y sesenta y cuatro de ancho.

110. **La prosperidad de la región** y las numerosas ventajas que conllevaba dieron lugar a varios conflictos que se concentraron en torno a la zona; **Brasil, Uruguay, Argentina y Paraguay se disputaron el control** durante el siglo XIX.

Hernán Cortés y la conquista española de México y Centroamérica

(1518-1521)

En este capítulo exploraremos la historia de la colonización española en México y Centroamérica. Veremos más de treinta datos interesantes sobre el viaje de los españoles, las ciudades que fundaron, sus interacciones con los nativos y cómo afectó la conquista a la región.

111. En 1518, **un ejército español dirigido por Pedro de Alvarado** y otros exploradores zarpó de España para explorar la zona que hoy se conoce como Centroamérica.

112. La **primera parada de su viaje fue Cuba,** donde se encontraron con **Hernán Cortés,** un noble español menor que había viajado al Nuevo Mundo en busca de una nueva vida.

113. **Cortés se convirtió en el capitán de la expedición.** Continuó explorando el continente, llegó a México y fundó la ciudad de Veracruz en agosto de 1519.

114. La **expedición se encontró con los aztecas y los mayas, lo que les dio** la oportunidad de conocer diferentes culturas y costumbres de México y Centroamérica.

115. **Los aztecas eran una civilización avanzada que vivía en lo que hoy son partes de México, Guatemala y Belice.**

116. **Su capital era la gran ciudad de Tenochtitlan, en el lago Texcoco.** Había más de 200.000 habitantes a la llegada de los conquistadores.

117. **Los aztecas eran guerreros feroces.** Habían subyugado a sus tribus vecinas y se erigieron en sus soberanos, cobrando tributo a las tribus más pequeñas.

118. **Sospechando que los aztecas tenían muchos objetos de valor, como oro, para saquear y deseoso de reclamar los territorios inexplorados para la Corona española,** Cortés lanzó una invasión contra los aztecas a su llegada a México.

119. **Antes de que comenzaran las hostilidades, Cortés y su tripulación fueron recibidos inicialmente de forma amistosa por el emperador azteca Moctezuma II en Tenochtitlan.** Los españoles quedaron asombrados por lo avanzada que estaba la ciudad.

120. **Los españoles se verían obligados a abandonar la ciudad, ya** que las tensiones entre los lugareños y los conquistadores armados desembocaron en un conflicto total.

121. **Cortés regresó al cabo de un par de meses para tomar la ciudad.** Disponía de unos quinientos soldados, pero pronto se le unieron cientos de lugareños por el camino. Querían que derrocara a los opresores aztecas.

122. **Los españoles tenían armas de fuego. La mayoría de los nativos sólo usaban lanzas, arcos y flechas,** o espadas de piedra o madera. Esto dio a los españoles una gran ventaja.

123. **Los españoles utilizaban caballos en los combates,** lo que aterrorizaba a algunas tribus, ya que nunca los habían visto antes.

124. El **liderazgo de Cortés, la ayuda de las tribus nativas locales,** el armamento europeo y la propagación de enfermedades contribuyeron a derrocar el Imperio azteca.

125. **Tras conquistar el Imperio azteca, Cortés se convirtió en gobernador de Nueva España** (actual México).

126. **Sobre las ruinas de la saqueada capital azteca, los españoles construyeron su propia urbe, Ciudad de México,** que se convertiría en el centro de operaciones de Nueva España.

127. Tras conquistar gran parte del centro de México en los años siguientes, las **posesiones españolas se reorganizarían en un nuevo virreinato imperial llamado Virreinato de Nueva España.**

128. **El virreinato crecería con el tiempo** hasta incluir México, América Central, partes del Caribe y partes de Estados Unidos.

129. **Los colonos españoles organizaron sus tierras en encomiendas,** posesiones en las que tenían permiso real para emplear a las poblaciones indígenas en labores agrícolas.

130. Los españoles también trajeron consigo muchas enfermedades mortales. Las poblaciones nativas no habían estado expuestas antes a estas enfermedades, lo que ocasionó que sus sistemas inmunitarios no supieran cómo responder a dichas enfermedades.

131. Millones de nativos de todo México, el Caribe, Centroamérica, Sudamérica y Norteamérica murieron a causa de las enfermedades.

132. Una de las razones por las que Cortés pudo tomar Tenochtitlan fue una epidemia de viruela que había estallado en la ciudad durante la primera visita de los españoles.

133. Los aztecas consiguieron expulsar a los españoles de Tenochtitlan en una ocasión, recuperando brevemente el control de la ciudad; sin embargo, al final quedaron demasiado debilitados para oponer más resistencia a los conquistadores.

134. Los conquistadores se apoderaron de Tenochtitlan y la desarrollaron según sus necesidades; la ciudad se convirtió en el centro de las operaciones españolas en Norteamérica en 1521.

135. Las Américas también tenían muchas novedades para los españoles, como el tabaco.

136. La conquista española marcó un importante cambio de las culturas indígenas tradicionales hacia un modo de vida más europeo.

137. La introducción del cristianismo se convertiría en una parte importante de la misión de los españoles. Intentaron convertir al catolicismo a los habitantes de Nueva España. Obtuvieron permiso del papado para hacerlo.

138. Los españoles introdujeron nuevas prácticas agrícolas que impulsaron enormemente la capacidad de producción de las economías nativas; también diversificaron la producción al introducir en América nuevos cultivos como el trigo.

139. **Durante esta época, muchos conquistadores buscaron oro y plata por toda Nueva España.** De hecho, los minerales valiosos fueron algunas de las principales razones de la colonización.

140. A finales del siglo XVI, **la ciudad de México, junto con Veracruz y Guadalajara, se había convertido en un centro importante en Nueva España,** facilitando el comercio y el movimiento de los españoles por toda la colonia.

141. **Con el desarrollo de las ciudades surgieron nuevas clases sociales. Los españoles** estaban en la cima de la jerarquía. Poseían la mayor parte de la tierra, que habían conquistado a los nativos.

142. Los **nativos convertidos al cristianismo,** los mestizos e incluso los españoles nacidos en las colonias estaban por debajo de los españoles en la sociedad.

143. **Las conquistas de Cortés animaron a otros exploradores españoles a explorar otras partes de América** con la esperanza de encontrar nuevas riquezas o tierras.

144. Su éxito, unido al de otras exploraciones durante el siglo XVI, dio lugar finalmente a un número estimado de hasta 2 millones de **españoles que se trasladaron de Europa a América durante la época de la colonización española** hasta el siglo XIX.

El establecimiento del Virreinato de Nueva España
(1535- 1542)

En este capítulo exploraremos la creación del Virreinato de Nueva España. Veremos dieciséis datos interesantes sobre su formación, cifras y mucho más.

145. En 1535, **el rey Carlos V de España creó el Virreinato de Nueva España** para ayudarle a gobernar lo que hoy es México y América Central.

146. El **primer virrey fue Antonio de Mendoza, que llegó a Nueva España** en 1535 y sirvió hasta 1550, después de lo cual también sirvió brevemente como virrey español de Perú.

147. **La nueva colonia acabaría cubriendo una enorme zona** que se extendía desde la actual Luisiana hasta América Central, incluyendo gran parte de los actuales México y Perú, así como algunas islas caribeñas como Cuba y Puerto Rico.

148. El **idioma oficial era el español, pero los nativos también hablaban muchas lenguas locales, como el náhuatl** (la lengua azteca) o el maya.

149. **Para asegurarse de que todo el mundo cumplía las leyes españolas**, se estableció en cada ciudad un sistema de tribunales llamados audiencias. Los jueces juzgaban casos relacionados con disputas civiles o acusaciones criminales contra funcionarios o ciudadanos.

150. **El Virreinato de Nueva España estaba dividido en diferentes distritos administrativos conocidos como intendencias.** Éstas irían creciendo en número a medida que el virreinato ampliaba sus fronteras.

151. A mediados del siglo XVI, **se construyó un puerto llamado San Juan de Ulúa a lo largo del Golfo de México** para proteger a la recién formada colonia de ataques enemigos o intrusiones extranjeras.

lo en la yglesia Paroquial de S. Bartolome o Solo tepec, el dia a.lo proveido por el S. Juan vigna ... ordgid ia iusta trador Ynterurico Sa(ri ...

152. **Para promover el comercio con Europa, se creó un sistema de galeones que transportó mercancías** entre Veracruz y Cádiz, España, durante muchos años.

153. **El Virreinato de Nueva España experimentaría un declive demográfico** debido en gran parte a la propagación de enfermedades mortales de los europeos a las poblaciones nativas, pero la situación se estabilizó hacia 1600.

154. Los **esclavos africanos fueron traídos por mercaderes españoles**, que los intercambiaron junto con otras mercancías con los gobernantes locales de toda América Central y del Sur.

155. **Para mantener a todo el mundo a salvo de enfermedades, todos los barcos que llegaban al puerto de Veracruz eran puestos en cuarentena durante dos semanas** antes de poder entrar en la ciudad.

156. **Con el tiempo, Veracruz se convirtió en una de las mayores ciudades portuarias del Virreinato de Nueva España.** La ciudad mantuvo su importancia incluso después de la descolonización y la independencia de México.

157. **Para asegurarse de que Nueva España permanecía leal a su rey, Carlos V envió a muchos de sus funcionarios de confianza** a supervisar el gobierno de la colonia.

158. Para inicios del siglo XVII se **habían establecido varias órdenes religiosas por toda Nueva España,** entre ellas las de los franciscanos, dominicos y agustinos. Su principal objetivo era convertir a los nativos al cristianismo a través del trabajo misionero.

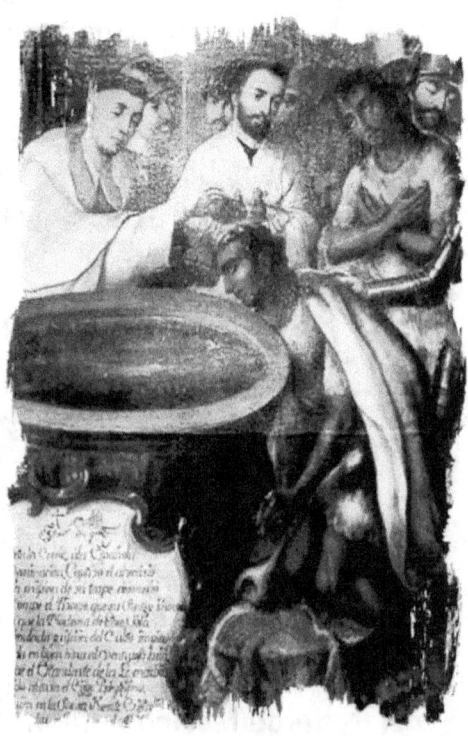

159. El **virrey Luis de Velasco, segundo virrey de la colonia, fue un líder muy influyente** que expandió las actividades económicas de Nueva España. Gozaba de cierta popularidad entre los nativos porque los defendía.

160. **El Virreinato de Nueva España permaneció activo hasta 1821**, cuando fue sustituido por la república independiente de México tras una exitosa guerra de independencia contra el Imperio español.

Conquistas españolas de América Central y del Sur
(1521-1571)

Este capítulo explorará la historia, a menudo olvidada, de las conquistas españolas en Centroamérica y Sudamérica. Profundizaremos en más de treinta hechos sobre cómo se llevaron a cabo estas conquistas, **incluyendo detalles sobre el armamento utilizado, las tácticas** empleadas y los efectos de la conquista tanto durante como después de este periodo.

161. **Los conquistadores llegaron a otras partes de Centroamérica** más o menos al mismo tiempo que Cortés conquistaba a los aztecas.

162. **Muchos pueblos indígenas de la América Central y del Sur murieron a causa de las enfermedades europeas,** tales como la viruela y la gripe, traídas por los españoles.

163. En aquella época, la **península de Yucatán estaba habitada principalmente por los mayas,** que poseían una cultura bastante avanzada con un interesante panteón de dioses.

164. **Aunque los mayas ya estaban debilitados cuando llegaron los españoles,** resistieron hasta 1697, más de 150 años después de su llegada.

165. En 1513, **la expedición del general Vasco Núñez de Balboa cruzó el istmo de Panamá, entre los océanos Atlántico y Pacífico.** Los conquistadores consolidarían después su control sobre Panamá.

166. **Pedro de Alvarado es el hombre a quien se atribuye la conquista española de la actual Guatemala en 1524.**

167. En 1525 **comenzó la conquista de Honduras. Francisco de Montejo, jefe de la expedición,** fue nombrado primer gobernador español.

168. **Algunas de estas expediciones se organizaron para encontrar el místico El Dorado,** una ciudad establecida por una tribu indígena que supuestamente estaba construida de oro.

169. **España empezó a consolidar su control de Nicaragua** en la década de 1520.

170. A finales de la década de 1570, **algunas partes de Centroamérica habían sido pacificadas,** aunque no faltaron las rebeliones de las poblaciones indígenas.

171. **El conquistador español Francisco Pizarro dirigió una expedición en el oeste de Sudamérica** de 1526 a 1542.

172. **Descubrió el Imperio inca,** uno de los más poderosos de América. Se centraba en Perú y Chile.

173. **La civilización inca tenía muchos asentamientos en las montañas.** La civilización se centró alrededor de la ciudad de Cuzco en Perú.

174. Hablaban la lengua quechua, pero no tenían un sistema formal de escritura.

175. **Los incas no utilizaban la rueda para el transporte.** No disponían de acero ni de hierro, pero sí utilizaban el bronce y el cobre para sus herramientas y armas.

176. **Francisco Pizarro emprendió varias expediciones** desde Centroamérica hacia el sur, adentrándose en los territorios incas.

177. **Finalmente derrotó y capturó al líder inca, Atahualpa**, en 1532.

178. **Los conquistadores saquearon las tierras incas,** llevándose grandes cantidades de oro y plata de los templos y ciudades sagradas.

179. **En abril de 1533, Atahualpa fue juzgado por traición.** Aceptó convertirse para morir estrangulado en lugar de ser quemado vivo.

180. **Atahualpa había acordado pagar un rescate de oro a cambio de su liberación.** Proporcionó a los españoles una habitación llena de plata.

181. **Tras la captura y ejecución de su líder, muchos incas se rebelaron contra el dominio de Pizarro,** lo que dio lugar a varias batallas.

182. **En 1536, los incas se rindieron finalmente por falta de recursos y de mano de obra.**

183. **Pizarro fundó la ciudad de Lima** en 1535, cerca de donde había conquistado Cajamarca.

184. A finales de 1538, casi **todos los territorios incas estaban bajo control español.** Los conquistadores consolidarían su control con el tiempo.

185. Durante los años siguientes, **Pizarro continuó expandiendo el alcance de España en Perú con la fuerza militar.** También introdujo el cristianismo y las costumbres europeas entre los nativos.

186. **El rey Carlos V concedió a Pizarro los títulos de gobernador y capitán general** por el éxito de su misión.

187. **Después de que Pizarro derrotara a los incas, se lanzaron numerosas expediciones a Sudamérica.**

188. **El Virreinato del Perú fue el segundo territorio ultramarino más importante de España** durante la época de la colonización hasta su disolución formal en 1824; le sucedieron las nuevas naciones independientes de Sudamérica.

189. La **conquista de Bolivia por los españoles comenzó en 1532, con Diego de Almagro,** antiguo compañero de Pizarro, al frente de una expedición.

190. **Francisco de Orellana, otro participante en la conquista de Pizarro,** dirigió más tarde una exploración del río Amazonas hasta su desembocadura en el océano Atlántico en el Brasil portugués en la década de 1540.

191. **La Paz fue fundada en 1548 por Alonso de Mendoza.** Se convirtió en la capital oficial de la Bolivia española.

192. **Una figura interesante de la colonización española de Sudamérica es un alemán llamado Ambrosius Ehinger** (Ambrosio Alfinger en español). Exploró partes del noreste de Sudamérica y fundó la ciudad de Maracaibo en 1529.

193. **Ehinger fue enviado a colonizar Sudamérica por la acaudalada familia Welser, a la que el rey Carlos V de España** (que también era emperador del Sacro Imperio Romano Germánico) había otorgado concesiones. Sus fueros serían revocados en la década de 1540.

194. **Las expediciones españolas establecieron asentamientos a todo lo largo de las costas caribeñas de Colombia, llegando hasta la cuenca del Orinoco, en Venezuela.**

La circunnavegación del globo por Magallanes
(1519-1522)

En este capítulo exploraremos la increíble hazaña de la navegación llevada a cabo por **Fernando de Magallanes** y su tripulación en 1522. Examinaremos más de treinta datos interesantes sobre su viaje, desde por qué se embarcaron hasta cuántos barcos sobrevivieron a la circunnavegación.

195. **Fernando de Magallanes dirigió una flota de cinco navíos y unos 270 marineros en una expedición** para dar la vuelta al mundo en 1519.

196. **Al igual que Colón, quería encontrar un camino de Europa a Asia navegando hacia el oeste en vez de hacia el este,** que era como se solía viajar en aquella época.

197. El **viaje duró tres años y** terminó el 6 de septiembre de 1522.

198. **Sólo un barco, el Victoria, consiguió regresar a casa tras completar la misión.**

199. El **objetivo inicial de la expedición de Magallanes era llegar a las legendarias Islas de las Especias,** de cuya ubicación los europeos sabían muy poco.

200. **Las islas se llamaban de las Especias porque en ellas crecían muchas especias como la canela, el clavo y la nuez moscada.** Todas estas especias eran valiosas y se vendían a precios elevados en los mercados europeos.

201. **Las islas de las Especias son las actuales islas Maluku,** al este del archipiélago indonesio.

202. **La ruta elegida por la expedición llegaría primero a Sudamérica.** Luego, los hombres navegarían hacia el sur a lo largo de su costa oriental, con la esperanza de que de alguna manera podrían rodear el continente y llegar a Asia oriental.

203. **Magallanes y su tripulación lograron dar la vuelta a Sudamérica, haciendo** escalas en los puertos portugueses recién fundados en Brasil.

204. **Cruzaron un estrecho muy angosto en el sur del continente para llegar al océano Pacífico.** Hoy, ese estrecho se llama Estrecho de Magallanes.

205. **Magallanes daría nombre al océano Pacífico,** que hasta entonces había sido inexplorado por los colonizadores. **Lo llamó "Pacífico" porque parecía muy tranquilo en comparación con otros mares que** había encontrado.

206. **Mientras atravesaba el mayor océano de la Tierra, Magallanes hizo un par de paradas** en pequeñas islas del Pacífico antes de llegar finalmente al archipiélago indonesio.

207. **La navegación por las islas indonesias resultó muy difícil.** Las aguas estaban completamente inexploradas por los europeos y los nativos eran, en ocasiones, muy hostiles con ellos.

208. **Tras escapar del peligro en Bali, Magallanes llegó a la isla de Ternate,** donde se reunió con **el sultán de Tidore,** que le dio una calurosa bienvenida con regalos de especias y provisiones.

209. **Magallanes permaneció en las Islas de las Especias durante dos meses,** comerciando con los lugareños y explorando otras islas cercanas como Ambon y Timor.

210. Durante su estancia en la zona, **Magallanes trazó un mapa de gran parte de la costa de Indonesia,** que sería utilizado por los futuros exploradores que siguieron su viaje.

211. **Magallanes murió durante la expedición en la isla de Mactan,** en abril de 1521, durante un conflicto con los nativos.

212. La **mayoría de los barcos habían sido dañados o destruidos para entonces,** por lo que fueron abandonados.

213. **Uno de los capitanes de Magallanes completó la circunnavegación en su nombre nueve meses después,** y otros diecisiete miembros de la tripulación llegaron a Europa en 1522.

214. **La expedición de Magallanes fue la primera en dar la vuelta al mundo por mar,** demostrando la teoría de que la Tierra era redonda.

215. **Demostró la pericia de los barcos contemporáneos,** que podían navegar largas distancias sin necesidad de detenerse para un mantenimiento constante a lo largo del trayecto.

216. La **tripulación de Magallanes se encontró con muchas culturas e idiomas diferentes, lo que convirtió** su viaje en un viaje de descubrimiento tanto para ellos como para todos los europeos.

217. **Además de demostrar la circunferencia de la Tierra,** el viaje abrió nuevas rutas comerciales entre Europa y Asia.

218. **Estas rutas permitieron que las mercancías de estas dos regiones se intercambiaran entre sí** con más rapidez que nunca.

219. **La expedición de Magallanes también motivó a muchas naciones europeas a probar suerte en la exploración,** ayudando a lanzar una nueva ola de colonización en las Américas y el Sudeste Asiático.

220. **La ruta tomada por la flota de Magallanes ha sido seguida por numerosos exploradores, entre ellos el capitán Cook** a mediados del siglo XVIII, que cartografió gran parte de Australia durante su viaje.

221. **Aunque Magallanes era portugués, se embarcó en una expedición española.** Le acompañaba un navegante español.

222. **Sin embargo, Portugal acabaría aprovechando los viajes de Magallanes.** Al contar con una ventaja marítima natural sobre los demás estados europeos, Portugal sería la primera nación en iniciar activamente la colonización del sudeste asiático.

223. **Durante esta época, los colonizadores y comerciantes portugueses formaron alianzas con los líderes locales** para hacerse con el control de la producción de especias en las islas.

224. **Esto les permitió acceder a recursos valiosos como la pimienta, la nuez moscada y el clavo**, que sólo podían encontrarse allí.

225. **La exploración portuguesa de las Islas de las Especias abrió nuevas rutas comerciales,** lo que condujo a una era de globalización que cambió la historia del mundo para siempre.

Exploración del río San Lorenzo por Jacques Cartier (1534)

Este capítulo explora las revolucionarias exploraciones del explorador francés Jacques Cartier. Descubriremos varios datos interesantes sobre su viaje al río San Lorenzo y cómo cambió la historia.

226. **Jacques Cartier fue un explorador francés** que navegó hasta el río San Lorenzo en 1534.

227. **El rey Francisco I de Francia le encargó** encontrar un paso desde el océano Atlántico hasta Asia a través de Norteamérica.

228. **Cartier exploró lo que hoy se conoce como Canadá.** El 24 de julio de 1534 llegó a Stadacona (actual Quebec).

229. **Cartier fue el primer europeo que exploró y cartografió la cuenca del río San Lorenzo.**

230. **Durante su viaje, entró en contacto con las tribus nativas americanas locales** y aprendió sobre su cultura y su lengua, que incluía palabras como "canoa" y "tobogán".

231. **Llamó Canadá a la tierra recién descubierta,** nombre que procedía de la palabra nativa iroquesa para asentamiento (Kanata).

232. Supuestamente, **Cartier escuchó el nombre pronunciado por los lugareños** cuando le dirigieron hacia un asentamiento vecino en la zona del actual Quebec.

233. En **septiembre de ese año, Cartier viajó río arriba hacia Hochelaga** (Montreal), donde encontró una aldea habitada por los iroqueses locales.

234. **La tripulación pudo cartografiar ríos, como el Saguenay, para futuras expediciones.**

235. **En 1535, Cartier regresó a Francia con dos jóvenes nativos americanos que había tomado como guías e intérpretes.** El rey permitió a Cartier traerlos de vuelta.

236. **Cartier también iba acompañado de un cargamento de mercancías valiosas, como pieles y cueros de castor,** muy codiciados en la Europa de la época.

237. En su segundo viaje, que duró de 1535 a 1536, **Jacques Cartier exploró más río arriba, hacia Montreal,** pero debido a encuentros hostiles con los iroqueses locales, se vieron obligados a dar media vuelta antes de llegar a su destino.

238. **A través de estas exploraciones, trazó la mayor parte de lo que hoy conocemos del río San Lorenzo,** incluidas islas como Anticosti.

239. Curiosamente, al igual que Colón, **Jacques Cartier estaba seguro al principio de haber llegado al continente asiático** en lugar de haber descubierto una masa continental completamente nueva.

240. **Sus viajes contribuyeron a establecer relaciones comerciales entre Francia y Canadá** para el comercio de pieles, que duró más de doscientos años.

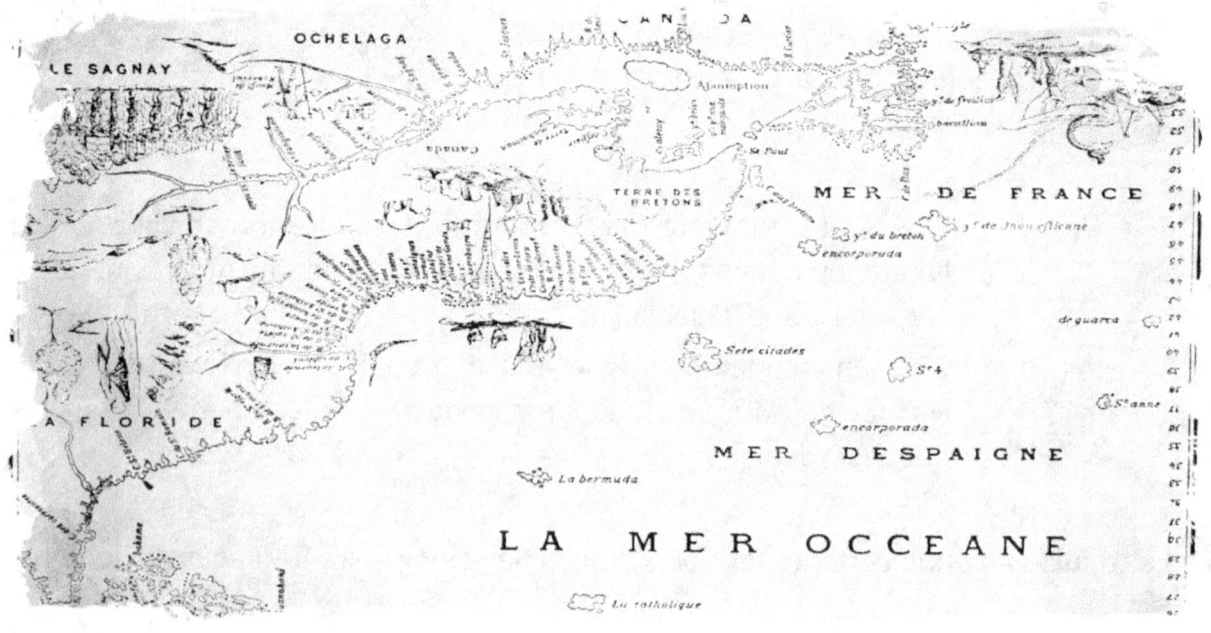

Cartografía y tecnología en la era de los descubrimientos

La Era de los Descubrimientos vino acompañada de numerosos avances tecnológicos contemporáneos que estimularon los esfuerzos por explorar el mundo y conocerlo mejor. Este capítulo abordará algunos de los avances más importantes que tuvieron lugar durante este periodo.

241. **La era de los descubrimientos supuso para Europa una era de innovación** nunca antes vista en cuanto a los grandes avances tecnológicos que trajo en todos los ámbitos de la vida.

242. **Estos avances fueron utilizados por los exploradores y afectaron a la forma en que percibían el mundo que les rodeaba.** Las nuevas herramientas también les ayudaron a navegar por los océanos.

243. **Uno de los avances más importantes fue la cartografía,** el método de creación científica de mapas.

244. El **renacimiento de la cartografía se debió al redescubrimiento** en el Renacimiento **de antiguos mapas** y fuentes que se habían perdido durante la Edad Media.

245. **A medida que los europeos fueron descubriendo el Nuevo Mundo, se vieron obligados a perfeccionar sus sistemas cartográficos.** Muchos viajes, como la circunnavegación del mundo por Magallanes, ayudaron a construir el esqueleto básico de un mapamundi que luego se amplió una y otra vez.

246. La **carabela era un nuevo tipo de barco, más pequeño y muy maniobrable, que resultaba** crucial para los largos viajes por mar. Permitió a los navegantes europeos explorar más lejos y más rápido que antes.

247. **Aunque no se considera al científico italiano Galileo Galilei el inventor del telescopio, sí se sabe que lo mejoró mucho,** permitiéndole a él y a otras personas de todo el mundo ver los objetos celestes con mucha más claridad.

248. **Muchos exploradores utilizaron telescopios modificados para explorar los mares y observar el cielo.**

249. **La brújula magnética, desarrollada por los chinos, se convirtió en una herramienta vital para los navegantes europeos durante la Era de los Descubrimientos.** Permitía a los navegantes determinar la dirección incluso en condiciones de nubosidad o niebla, cuando las estrellas no eran visibles.

250. **El astrolabio, instrumento utilizado para observar la posición de las estrellas y los planetas,** se adaptó a partir de diseños anteriores de Oriente Próximo. Se convirtió en esencial para la navegación celeste, ayudando a determinar la latitud.

251. **El cuadrante y el sextante, que siguieron al astrolabio,** permitieron mediciones más precisas de la latitud y, con el tiempo, de la longitud.

252. El **filósofo francés René Descartes** introdujo en 1637 lo que hoy se conoce como **geometría cartesiana de coordenadas**. Este avance revolucionó las matemáticas al vincular las ecuaciones algebraicas a las formas geométricas con fines de visualización.

253. **La geometría de coordenadas permitió plasmar mejor en el mapa los descubrimientos de los exploradores** y crear un sistema unificado y objetivo de percepción de las cosas en dos dimensiones.

254. **Carlos Lineo desarrolló una forma nueva, más fácil y sistemática de clasificar a los seres vivos,** que publicó en su obra *Systema Naturae* en 1735.

255. **Esto introdujo nuevas formas de recopilar información sobre la fauna** que los europeos encontraron en otros continentes, sentando las bases para el desarrollo de disciplinas posteriores.

256. **Introducida por Johannes Gutenberg a mediados del siglo XV, la imprenta** permitió la producción en masa de mapas y cartas náuticas, que antes se dibujaban a mano, siendo por tanto poco utilizadas. De este modo, los conocimientos geográficos se difundieron más amplia y rápidamente.

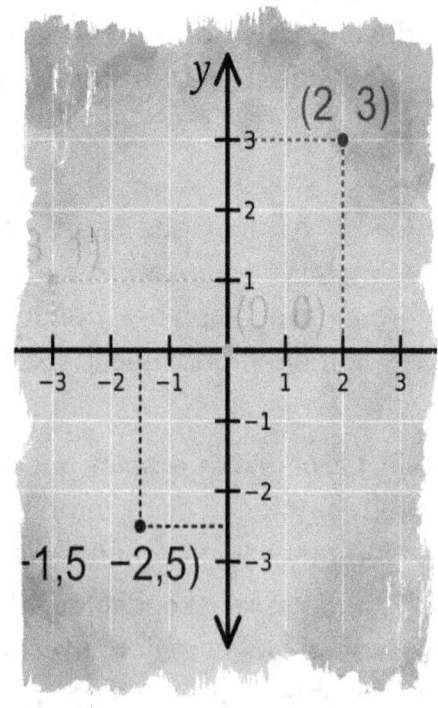

Jesuitas en América
(1549-1830)

Este capítulo explora la fascinante historia de los misioneros jesuitas en América. Profundizaremos en datos interesantes sobre su misión de difundir el catolicismo entre los indígenas, cómo interactuaron con las distintas culturas y el legado perdurable de este periodo.

257. En **1549, los primeros jesuitas llegaron a Sudamérica para difundir el catolicismo** entre los indígenas que vivían allí.

258. A finales del siglo XVI, **los misioneros jesuitas empezaron a viajar a Centroamérica y México** para convertir a las tribus locales y construir iglesias y escuelas.

259. Hacia 1600, **un número significativo de jesuitas trabajaba en América Latina como maestros,** predicadores o curanderos de enfermedades espirituales o físicas.

260. **Conocemos sus viajes y actividades a través de sus propios relatos.** Uno de los más famosos es el del dominico **Bartolomé de las Casas,** *Brevísima relación de la destrucción de las Indias.*

261. Entre 1610 y 1650, **se establecieron muchas misiones jesuitas en toda América Central y del Sur.**

262. **Casi veinte millones de nativos se habían convertido en 1767.**

263. A mediados del siglo XVIII, **el gobierno central español comenzó a retomar el control de sus antiguas colonias,** lo que supuso la expulsión de muchas órdenes religiosas, como los jesuitas.

264. En 1767, **la Corona española ordenó expulsar a todos los jesuitas de los países bajo dominio español.** Sus misiones fueron clausuradas.

265. **Como resultado de esta expulsión, muchos miles de nativos perdieron el acceso a la educación y a la orientación espiritual** que los misioneros jesuitas habían proporcionado durante muchos años.

266. **Tras ser expulsados de Sudamérica en 1767, algunos jesuitas se trasladaron a Norteamérica,** donde continuaron su labor misionera con las poblaciones nativas americanas y otros inmigrantes.

267. Desde su independencia, Estados Unidos **fue uno de los lugares que permitió a los jesuitas plena libertad en sus actividades religiosas.**

268. Durante el siglo XVIII, **los jesuitas participaron activamente en movimientos de justicia social,** como las campañas contra la esclavitud.

269. **A través de su trabajo con los nativos americanos y otras comunidades de inmigrantes, los jesuitas establecieron sólidas relaciones** que les permitieron acceder a regiones en las que antes les había resultado difícil penetrar a los europeos.

270. **El legado dejado por estos primeros misioneros jesuitas sigue siendo visible hoy en día a través de instituciones educativas como la Universidad de Georgetown o monumentos** en honor a la cultura de los pueblos indígenas.

Colonización española de Filipinas
(1565-1571)

La colonización española de Filipinas es un periodo fascinante de la historia. En este capítulo se exploran quince datos interesantes sobre esta época, desde el intento fallido original de España hasta su largo dominio de las islas.

271. **España intentó colonizar Filipinas por primera vez en 1521, durante la expedición de Magallanes, pero fracasó a causa del** mal tiempo, la insuficiencia de recursos y las hostilidades con los nativos.

272. En 1565, otro grupo de exploradores españoles, dirigidos por **Miguel López de Legazpi, llegó a Filipinas.**

273. **Estableció un asentamiento en la isla de Cebú llamado San Miguel**, que más tarde fue trasladado a la bahía de Manila y rebautizado como Intramuros.

274. **Los españoles construyeron fuertes alrededor de Intramuros** para protegerse de invasores como las fuerzas holandesas o chinas.

275. **Legazpi se encontró con tribus locales,** algunas de las cuales eran amistosas y otras hostiles.

276. **Muchos filipinos se convirtieron de sistemas de creencias tradicionales como el animismo al cristianismo durante este periodo,** a veces incluso bajo amenaza de muerte si no accedían a los esfuerzos de conversión forzada de los clérigos católicos que acompañaban a la expedición.

277. **Los españoles trajeron a Filipinas el alfabeto y la cultura latinos.**

278. **La ruta comercial de galeones Manila-Acapulco se estableció en 1565,** conectando México y Filipinas durante más de doscientos años.

279. **Filipinas debe su nombre al rey Felipe II de España.**

280. **Uno de los principales objetivos del dominio español era promover el cristianismo en todo el sudeste asiático** y reducir la influencia de otras naciones en las tierras vecinas.

281. **Los españoles crearon escuelas e iglesias dedicadas a difundir el catolicismo** y los ideales europeos en todas las Filipinas.

282. **Los filipinos indígenas actuaban principalmente como arrendatarios o aparceros en tierras** propiedad de familias adineradas, incluidas las de ascendencia española.

283. El **dominio español en Filipinas duró más de trescientos años,** de 1565 a 1898.

284. **Todavía existen algunos vestigios de la colonización española,** como muchos apellidos filipinos, el idioma, la arquitectura, la religión, la comida y las costumbres.

285. **La colonización española de Filipinas es históricamente significativa.** Contribuyó en gran medida al intercambio cultural entre Europa, Asia y América Latina durante este periodo.

Viajes ingleses y colonización de Norteamérica

(1585-1776)

Esta sección profundizará en la historia de la colonización inglesa en Norteamérica, que comenzó a finales del siglo XVI. Estas colonias norteamericanas fueron las primeras en liberarse de su patria, por lo que también analizaremos cómo lograron la independencia.

286. A finales del siglo XVI, **los exploradores ingleses emprendieron su primera exploración de ultramar para colonizar Norteamérica.**

287. **Sir Walter Raleigh dirigió dos viajes en 1584 y 1585 para explorar** los alrededores de la actual isla de Roanoke, en Carolina del Norte.

288. En 1587, **John White fue nombrado gobernador de la isla de Roanoke** y navegó de regreso a Inglaterra en busca de suministros.

289. **Su barco sufrió un retraso debido a una guerra entre España e Inglaterra,** por lo que los suministros que tanto necesitaban no pudieron llegar a los colonos.

290. **John White intentó enviar ayuda desde Gran Bretaña en múltiples ocasiones.** En 1593, fue él mismo y encontró Roanoke vacía sin más pistas que la palabra "Croatoan" sobre lo ocurrido a los colonos desaparecidos.

291. **La misteriosa desaparición de los colonos de Roanoke se ha convertido en un famoso misterio.** A veces se hace referencia a la colonia como la **"Colonia Perdida".**

292. **En 1607 llegó otra expedición de Inglaterra con más colonos que establecieron su colonia cerca de la bahía de Chesapeake.** Esta colonia fue conocida como Jamestown.

293. Fundada en mayo, **se convirtió en el primer asentamiento permanente británico en el Nuevo Mundo.**

294. Jamestown fue el centro de las operaciones británicas en la Norteamérica colonial durante las décadas siguientes, antes de que la empresa colonial se extendiera a gran parte de la costa este.

295. La colonia de Jamestown se convirtió en una compañía de cédula real con capacidad para crear su propio gobierno y comerciar con las tribus locales para obtener pieles y recursos naturales, sentando las bases de la colonización británica en Norteamérica.

296. Al principio, los ingleses buscaban oro y plata para enriquecerse, pero los colonos acabaron cultivando tabaco, que hizo muy ricos a algunos plantadores.

297. Los nativos americanos llevaban miles de años viviendo en la tierra antes de que llegaran los europeos. Al igual que en México, miles de ellos murieron a causa de enfermedades o conflictos con los colonos.

298. A lo largo del siglo XVII, más gente viajó de **Gran Bretaña** a Norteamérica, fundando más ciudades donde podían practicar sus propias creencias religiosas en paz.

299. **Durante este periodo, los ingleses establecieron puestos comerciales en Norteamérica,** desde la bahía de Hudson (Canadá) hasta las Carolinas, junto con varias islas del Caribe.

300. En la década de 1620, la **colonización inglesa se limitaba a la costa oriental del continente,** mientras que **los colonos franceses exploraban hacia el sur, hasta Luisiana,** dando comienzo a una época de competencia y guerras entre potencias europeas rivales que configuró gran parte de la historia de los primeros años de América.

301. La **Colonia de la Bahía de Massachusetts se estableció en 1628,** y hasta veinte mil personas emigraron a los alrededores de **Boston y Salem** a lo largo de los años siguientes.

302. **Caracterizado por una gran presencia de cristianos puritanos** que allanaron el camino para su desarrollo, Massachusetts pronto se convirtió en una provincia económicamente importante para Inglaterra en Norteamérica.

303. Durante esta época, también se formaron muchas otras colonias, como **Maryland en 1632, así como Rhode Island y Connecticut en 1633.**

304. Entre 1675 y 1676 se libró **la guerra del Rey Felipe.** Se libró entre las tribus nativas americanas dirigidas por **el jefe Metacom,** conocido como **"Rey Felipe",** y los colonos ingleses de Nueva Inglaterra.

305. La **contienda terminó con una victoria de las fuerzas coloniales,** pero causó pérdidas devastadoras a ambos bandos, en particular a los nativos americanos, cuyo número se había reducido considerablemente debido a las enfermedades europeas.

306. **Los juicios por brujería de Salem comenzaron en 1692 y se convirtieron en uno de los acontecimientos más infames de este periodo.** Más de doscientas personas fueron acusadas de ser brujas, con el resultado de veinte ejecuciones.

307. En 1754 estalló **en Europa una guerra entre franceses y británicos llamada la guerra de los Siete Años,** que sumió a las dos naciones en una lucha sangrienta en todos los puntos del mundo en los que se enfrentaban.

308. Curiosamente, **gran parte de los combates se concentraron entre los colonos franceses y británicos en Norteamérica,** donde a los británicos se les unió una confederación de tribus nativas americanas.

309. **Las campañas británico-norteamericanas de 1759 fueron especialmente efectivas,** ya que debilitaron significativamente las posiciones francesas en Norteamérica.

310. En 1763 estalló la **Rebelión de Pontiac.** Esta rebelión fue un intento fallido dirigido por el jefe Ottawa Pontiac para luchar contra el dominio británico.

311. Finalmente, **Gran Bretaña salió victoriosa de la guerra de los Siete Años en febrero de 1763,** lo que le llevó a la hegemonía sobre los asuntos coloniales de Norteamérica a costa de unas 160.000 vidas.

312. **Los británicos consiguieron negociar un acuerdo de paz muy favorable,** que incluía la cesión de las posesiones coloniales francesas en Norteamérica, además de un importante paquete de reparaciones de guerra que debía pagar Francia.

313. **La guerra de los Siete Años fue un conflicto de enorme influencia que afectó a la evolución de Europa y América** durante las décadas siguientes.

314. **Sumió tanto a Gran Bretaña como a Francia en profundos problemas financieros, ya** que las naciones habían gastado en exceso durante toda la guerra, lo que los llevó a aumentar los impuestos en sus dependencias de todo el mundo.

315. **La Proclamación de 1763 se promulgó para proteger las tierras de los nativos americanos e impedir que los colonos siguieran expandiéndose por sus territorios.** Esto provocó un gran descontento entre muchos colonos.

316. **La Ley del Timbre de 1765 obligaba a los colonos a pagar impuestos por todos los materiales impresos con un sello en relieve,** incluidos periódicos, panfletos y documentos legales.

317. En la noche del 5 de marzo de 1770, **un enfrentamiento entre soldados británicos y colonos estadounidenses en Boston degeneró en violencia y se saldó con la** muerte de cinco colonos.

318. **El descontento entre las colonias británicas empezó a tomar forma en un verdadero movimiento antibritánico, que** culminó en los acontecimientos del 16 de diciembre de 1773, con el Motín del Té de Boston.

319. **Decenas de personas disfrazadas de indios mohawk arrojaron más de trescientos cofres de té al puerto de Boston en 1773** para protestar contra unos impuestos sobre los cuales los colonos no tenían permitido opinar.

320. **La Fiesta del Té de Boston,** como también se le conoce a ese suceso, **alimentó los movimientos de resistencia contra el estricto gobierno impuesto por los británicos, lo que** condujo a **la Guerra Revolucionaria Americana**, que comenzó en 1775.

321. Los **colonos conseguirían su independencia, liberándose del dominio británico y proclamando los Estados Unidos de América** en 1776, aunque la propia guerra llegaría a su fin en 1783.

Exploración y colonización de las Indias Orientales Neerlandesas
(1595-1945)

La exploración holandesa de las Indias Orientales Neerlandesas, el territorio que comprende en su mayor parte la actual Indonesia, comenzó a finales del siglo XVI y condujo al establecimiento de un sistema colonial que duró hasta mediados del siglo XX. Esta sección se adentrará en datos fascinantes sobre los viajes holandeses a las Indias Orientales.

322. **La primera expedición holandesa a las Indias Orientales zarpó en 1595.**

323. **Los holandeses buscaron una nueva ruta comercial hacia el Sudeste Asiático** que evitara las rutas establecidas alrededor de África o a través del océano Índico.

324. **La expedición estaba dirigida por Cornelis de Houtman**, que llegó primero a Java.

325. **De Houtman negoció con los gobernantes locales.** Sus esfuerzos sentaron las bases de los futuros derechos comerciales y de la influencia holandesa en la región.

326. Con el tiempo, **los nativos intercambiaron especias y otros productos locales por mercancías europeas,** principalmente armas.

327. **Esta expedición abrió nuevos mercados a los europeos.** El café y las especias como la pimienta fueron especialmente populares.

328. **Muchos de estos puestos comerciales siguen existiendo hoy en día, ya que ciudades como Yakarta, Semarang y Surabaya** fueron ampliadas por los holandeses durante su periodo de exploración.

329. **Los Países Bajos siguieron controlando gran parte del Sudeste Asiático hasta la Segunda Guerra Mundial,** cuando Japón invadió Indonesia en la década de 1940.

330. **Varias flotas zarparon de Europa rumbo a lo que hoy se conoce como aguas indonesias entre 1595 y 1605.** Estos barcos trajeron de vuelta valiosas mercancías, aumentando la riqueza de los holandeses.

331. A pesar de llegar relativamente tarde a la carrera colonial, **los holandeses consiguieron establecer rápidamente una hegemonía sobre algunos de los productos más valiosos que llegaban del Sudeste Asiático, lo que** propició el desarrollo interno.

332. **La cultura holandesa también dejó huella en los rasgos indonesios modernos, como la lengua.**

333. Durante su exploración, **los holandeses introdujeron el cristianismo protestante en Indonesia.**

334. **Los holandeses fueron una de las primeras naciones en convertirse a la fe protestante durante la Reforma,** por lo que emprender actividades misioneras era muy importante.

335. **Los cristianos son hoy una importante minoría en el país,** aunque la mayoría de la población indonesia es musulmana.

336. **El gobierno holandés, poco después de darse cuenta del potencial de la empresa colonial,** patrocinó la creación de una empresa estatal para supervisar el control y la afluencia del comercio de las Indias Orientales Holandesas.

337. A **la Compañía Unida de las Indias Orientales, o Vereenigde Oost-Indische Compagnie (VOC),** se le concedieron cartas estatales que aumentaron enormemente sus capacidades, convirtiéndola esencialmente en su propio pequeño Estado en funcionamiento con una burocracia desarrollada.

338. Por ejemplo, en 1602, **se concedió a la VOC el derecho a librar guerras y establecer ciudades en nombre del gobierno holandés** en las Indias Orientales Holandesas.

339. En 1619, **la VOC estableció su base en la actual Yakarta, entonces conocida como Batavia,** donde podía recaudar impuestos de los mercaderes que comerciaban con otros países de Asia y África.

340. **Para asegurar el control sobre sus nuevos territorios, la VOC impuso fuertes impuestos** a las mercancías

importadas y prohibió a los europeos entrar en ciertos puertos sin permiso.

341. La **compañía pretendía monopolizar el comercio de especias,** muy rentable en esta época, eliminando la competencia entre los comerciantes que operaban dentro de sus fronteras.

342. Con el **tiempo, los holandeses se hicieron con el control casi total de Indonesia** y siguieron adentrándose en el Pacífico para expandir sus colonias.

343. Por ejemplo, el **explorador holandés Jacob Roggeveen fue el primer europeo documentado que recaló en la isla de Pascua** en 1722.

344. A su **llegada, se encontró con los rapanui,** que habían desarrollado su sociedad aislados del resto del mundo.

345. En el siglo XVIII, la **mayor parte de Indonesia había pasado a formar parte de las Indias Orientales Neerlandesas.** La VOC había establecido varios fuertes por toda la región para proteger sus intereses comerciales de los merodeadores extranjeros.

346. A mediados del siglo XVIII, la **inestabilidad creada por las guerras, la aparición de competidores, la** corrupción generalizada y la mala gestión condujeron a la disolución de la VOC.

347. **Los holandeses establecieron plantaciones para producir materias primas como café, caña de azúcar y té,** que podían venderse en su país a un precio elevado.

348. Las **actividades coloniales neerlandesas se expandieron en el siglo XIX,** cuando las potencias europeas dominaron el comercio internacional y establecieron colonias en todo el mundo.

349. **Durante la Segunda Guerra Mundial, las Indias Orientales Neerlandesas fueron invadidas por el Japón imperial,** que se apoderó de los valiosos yacimientos de caucho y petróleo de la colonia.

350. Según **estimaciones de la ONU, hasta cuatro millones de personas murieron en la Indonesia holandesa debido a la ocupación japonesa,** que duró hasta 1945.

351. En 1949, **Indonesia obtuvo la plena independencia del dominio holandés** y hoy es una de las democracias más pobladas del mundo.

La expansión británica en Asia Oriental e India

(1600-1839)

Durante siglos, los británicos han estado presentes en la India y Asia Oriental. Este capítulo explorará la historia de su expansión durante este periodo con diecisiete datos interesantes.

352. **En 1600 se funda en Inglaterra la Compañía de las Indias Orientales para comerciar con especias de Asia e India.**

353. Los **británicos se habían interesado por participar en el comercio de especias desde la derrota de la armada hispanoportuguesa en 1585**, que abrió nuevas posibilidades a Gran Bretaña en ultramar.

354. **La compañía estaba formada por varios destacados mercaderes ingleses que lograron obtener una cédula real de la reina Isabel I,** con lo que obtuvieron un monopolio de quince años en el comercio inglés en las Indias Orientales.

355. **La Compañía de las Indias Orientales comerciaba con Java, Sumatra, Japón y otras partes de Asia** para obtener productos como seda, porcelana, té y especias.

356. Con el tiempo, **la Compañía de las Indias Orientales se convirtió en la mayor empresa comercial del** mundo, con cerca de la mitad de todo el comercio mundial.

357. En 1611, **varios barcos habían zarpado de Inglaterra hacia Asia Oriental y la India como parte de la creciente red de comercio mundial de Gran Bretaña.**

358. En 1604, **el capitán Henry Middleton fue uno de los primeros ingleses enviados por su país a explorar la India** y sus gentes.

359. En 1608, **el capitán William Hawkins llegó a Gujarat (India)** para establecer relaciones comerciales entre Inglaterra y el Imperio mogol.

360. En 1619, **Gran Bretaña estableció un puesto comercial en Surat, en la costa occidental de India,** que se convirtió en una de sus primeras colonias oficiales en la región.

361. Hacia 1613, **llegaron más comerciantes ingleses que se establecieron en Agra,** ciudad importante para comerciar con los gobernantes del Imperio mogol en aquella época.

362. Aunque la **Compañía Británica de las Indias Orientales** no era un participante directo importante en el comercio transatlántico de esclavos, sí participaba en el comercio interno de esclavos dentro de los territorios que controlaba en la India.

363. Durante su periodo álgido de expansión y control territorial a finales del siglo XVIII, **la Compañía de las Indias Orientales estuvo implicada en la práctica de la esclavitud y el trabajo forzado,** principalmente a través de su supervisión y gobierno de sistemas locales que incluían formas de servidumbre y trabajo forzado.

364. **A mediados del siglo XVII, los británicos habían intentado establecer puestos comerciales en el sudeste asiático,** aunque éstos no tendrían repercusión hasta décadas más tarde.

365. En el siglo XVIII, **con el auge del té como nuevo producto de moda en los mercados europeos, los británicos empezaron a comerciar cada vez más con China,** financiando sus esfuerzos con exportaciones ilegales de opio a este país.

366. **Esto condujo finalmente a las guerras del Opio, una serie de conflictos que comenzaron en 1839.** Dichas guerras fueron provocadas por la decisión del gobierno chino de prohibir el comercio de opio en su país, ya que los británicos siguieron introduciendo el opio a China a través del contrabando.

367. **A pesar de que las posesiones británicas en la India y el sudeste asiático acabaron siendo disputadas por otras potencias europeas, como Francia y los Países Bajos,** Gran Bretaña siguió ampliando su presencia en la región a lo largo del siglo XIX.

368. **El comercio indio y del sudeste asiático se convertiría en una parte importante de la economía británica,** que sólo declinaría con la era de la descolonización tras la Segunda Guerra Mundial.

La colonización francesa en Norteamérica
(1608-1770)

Descubre la intrigante historia de los asentamientos franceses en Norteamérica. Descubre cómo establecieron su primer asentamiento permanente y los esfuerzos de Samuel de Champlain.

369. **En 1608, Francia estableció el primer asentamiento europeo permanente en Canadá.** El asentamiento se llamó Ciudad de Quebec.

370. **Los colonos franceses bautizaron su nuevo territorio con el nombre de Nueva Francia.**

371. De 1608 a 1710, **los exploradores franceses reclamaron para Francia gran parte del actual Canadá y partes de Estados Unidos.**

372. **Samuel de Champlain fue una de las figuras más importantes** de este periodo. A menudo se le llama el **"Padre de Nueva Francia".**

373. **Champlain ayudó a crear un gobierno en Nueva Francia.** También exploró gran parte del este de Norteamérica en busca de asentamientos y oportunidades comerciales con las tribus nativas americanas que vivían allí.

374. **Nueva Francia incluía partes de las actuales Ontario, Quebec, Nueva Escocia y las provincias marítimas canadienses.**

375. **Nueva Francia también llegó al sur de Estados Unidos.** Los franceses reclamaron regiones de la actual **Luisiana** (que llamaron *Louisiane*), así como partes de **Maine**, **Michigan** y otras regiones al oeste del **Mississippi.**

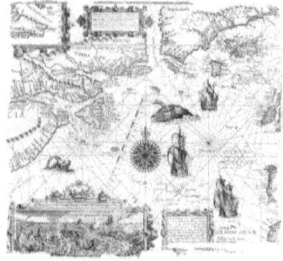

376. **Las pieles de castor eran una parte rentable de la economía de Nueva Francia.** El comercio de pieles ayudó a establecer relaciones entre los franceses y los nativos americanos.

377. Los **colonos franceses dependían en gran medida de las tribus nativas americanas para que les ayudaran en la agricultura y la caza** para poder sobrevivir en su nuevo entorno.

46

378. **En 1703, el rey Luis XIV otorga el control de Nueva Francia a Philippe de Rigaud,** marqués de Vaudreuil, antiguo gobernador de Montreal.

379. **Philippe de Rigaud fue gobernador general de Nueva Francia** desde 1703 hasta su muerte en 1725.

380. **Durante el gobierno del Gobernador General Vaudreuil, el Imperio británico realizó numerosos intentos de apoderarse de Nueva Francia.** Todos estos esfuerzos fracasaron.

381. Las **extensas actividades coloniales de Francia culminaron en la guerra Francesa e India** (1754-1763), que hizo que Francia renunciara a sus pretensiones sobre Norteamérica, salvo dos pequeñas islas frente a Terranova.

382. En 1759, el **general británico James Wolfe derrotó al general francés Louis Montcalm en la batalla de Quebec,** que supuso un importante punto de inflexión en la guerra Francesa e India.

383. En 1770, **la mayoría de los asentamientos franceses restantes habían sido cedidos a Gran Bretaña o a España.**

384. **Las posesiones francesas en Norteamérica llegaron a su fin con la Compra de Luisiana a principios del siglo XIX,** cuando **el emperador Napoleón** vendió el territorio de Luisiana a Estados Unidos.

385. **Aunque Nueva Francia cambió de dueño hace unos tres siglos,** la lengua y las costumbres francesas siguen predominando en el Canadá actual, sobre todo en Quebec.

El Mayflower desembarca en Plymouth
(1620)

En este capítulo exploraremos la importante historia de la colonia de Plymouth. Veremos hechos intrigantes sobre dónde llegó el Mayflower, por qué los peregrinos zarparon en primer lugar, y algo llamado el Pacto del Mayflower.

386. En noviembre de 1620, **el Mayflower llegó a lo que hoy es el puerto de Plymouth, Massachusetts.**

387. El **viaje debía terminar en la colonia de Virginia**, pero acabó en el norte debido al mal tiempo y a los problemas de navegación.

388. A **bordo del barco viajaban peregrinos de la Iglesia de Inglaterra,** que habían abandonado Gran Bretaña por diferencias religiosas con la doctrina de la Iglesia.

389. **Según los relatos, a bordo del Mayflower viajaban 102 personas.** Aunque el barco es más conocido por los peregrinos que buscaban la libertad religiosa, había otras personas a bordo en busca de una nueva vida.

390. En noviembre de 1620, **firmaron un acuerdo llamado el Pacto del Mayflower** para crear un gobierno pacífico y ordenado para su nueva colonia.

391. **El Pacto del Mayflower también incluía disposiciones sobre tolerancia religiosa**, un aspecto decisivo para la posterior Constitución estadounidense.

392. **El documento se considera, por tanto, el primer marco escrito de gobierno en los territorios de Estados Unidos.**

393. En marzo de 1621, **Massasoit, el líder de la tribu Wampanoag, y el gobernador William Bradford crearon un pacto** que estableció una amistad entre ambos grupos durante varias décadas.

394. **Los peregrinos pudieron sostener su colonia principalmente gracias a la ayuda de los nativos americanos,** que les dieron comida y les enseñaron a sobrevivir.

395. **En la primavera de 1621, dos exploradores avanzados llamados Squanto y Samoset** ayudaron a los colonos a conocer su nuevo entorno y les enseñaron a cultivar plantas autóctonas como el maíz.

396. En el otoño de 1621, el **gobernador William Bradford organizó el primer Día de Acción de Gracias en América,** en el que Massasoit y algunos de sus hombres se unieron a los ingleses para cenar.

397. **En 1630, la población de la colonia de Plymouth había crecido significativamente,** en gran parte debido a la afluencia de inmigrantes europeos que llegaban tras conocer la libertad religiosa y las oportunidades económicas que allí existían.

398. Para entonces, ya **había rutas comerciales establecidas entre la colonia de Plymouth y Jamestown,** aunque el comercio no se realizaba a gran escala.

399. En 1691, **la Colonia de Plymouth se unió a la Colonia de la Bahía de Massachusetts.**

400. Los restos de la **colonia** original **de Plymouth** son ahora un museo de historia viviente conocido como **Museo Plimoth Patuxet**.

401. Debido a su singular historia como una de las primeras empresas coloniales que encarnaron el espíritu de Estados Unidos, **el establecimiento de Plymouth tras la expedición del Mayflower sigue siendo venerado como un símbolo icónico.**

Exploración holandesa de Sudáfrica
(1650-1800)

En este capítulo exploraremos la exploración holandesa de Sudáfrica entre 1650 y 1800. Descubriremos quince datos fascinantes sobre este periodo, como los asentamientos que se crearon y los conflictos que tuvieron lugar.

402. Los **colonos holandeses llegaron por primera vez a Sudáfrica a mediados del siglo XVI,** creando un asentamiento permanente en **Ciudad del Cabo en** 1652.

403. **Los Países Bajos autorizan a la Compañía Holandesa de las Indias Orientales a explorar los alrededores de Ciudad del Cabo,** que ya habían sido explorados por marinos portugueses.

404. En 1652, **Jan van Riebeeck estableció una base en la bahía de Table,** donde comenzó a construir el Fuerte **de Goede Hoop** (Fuerte Buena Esperanza).

405. **Este fuerte se convirtió en un importante puesto comercial para los barcos que navegaban entre Europa y Asia** durante este periodo. Con el tiempo sería sustituido por el Castillo de Buena Esperanza, que sigue en pie.

406. **Van Riebeeck y otros colonos** cultivaban verduras como coles y zanahorias.

407. Los **barcos dependían de la carne salada y el pescado seco para su sustento,** pero llevaban alimentos frescos de **Ciudad del Cabo** en sus largos viajes, lo que ayudaba a prevenir el escorbuto.

408. La **ciudad de Stellenbosch fue fundada en 1679 por el gobernador Simon van der Stel,** que le dio su nombre.

409. **A lo largo de los siglos, esta región se ha dado a conocer por su producción vinícola gracias a las condiciones favorables de su clima y su tierra.** Hoy en día se sigue elaborando vino en esta región.

410. A finales del siglo XVII, **un grupo de hugonotes (protestantes franceses) que huían de la persecución religiosa en Francia se instalaron en Ciudad del Cabo y trajeron consigo conocimientos de viticultura,** lo que contribuyó al crecimiento de la industria vinícola en la región.

411. **La Colonia del Cabo pasó poco a poco a ser dominada por la VOC,** convirtiéndose en la gobernación de la compañía hasta 1795.

412. Sin **embargo, la filosofía de la VOC, cuyas actividades se centraban en extraer beneficios de las Indias Orientales,** entró en conflicto directo con la situación de la Colonia del Cabo, que se convirtió en un lugar atractivo para los colonos holandeses.

413. La **ciudad de Swellendam fue fundada por colonos holandeses en 1745; actualmente** es una de las ciudades más antiguas de Sudáfrica y aún conserva muchos edificios coloniales originales del siglo XVIII.

414. **Durante esta época, estallaron muchas guerras entre los grupos indígenas locales de los alrededores de Ciudad del Cabo debido a disputas por los derechos sobre la tierra o los recursos.** Estos conflictos tuvieron repercusiones duraderas en los nativos.

415. **En 1800, casi todas las tribus indígenas khoikhoi del Cabo se habían visto gravemente afectadas por los colonos europeos.** Las enfermedades, los conflictos y la pérdida de sus tierras afectaron enormemente a su modo de vida.

416. **Los colonos holandeses de Sudáfrica introdujeron su propia lengua, que evolucionaría hasta convertirse en el afrikáans moderno,** una de las lenguas más extendidas de África.

Colonización francesa y británica de la isla Mauricio

(1715-1968)

En este capítulo exploraremos la larga y compleja historia de la colonización francesa y británica de la isla Mauricio. Descubriremos datos interesantes sobre los sucesivos asentamientos franceses y británicos en esta isla.

417. Los **franceses tomaron el control de Mauricio en 1715, bautizándola como Isla de Francia** después de que los holandeses la abandonaran.

418. **Mauricio era valiosa para los franceses como escala en la ruta hacia las Indias Orientales, sirviendo** como punto de reabastecimiento para los barcos que viajaban por el océano Índico.

419. La **isla fue administrada por la Compañía Francesa de las Indias Orientales**, que desarrolló sus infraestructuras y su base agrícola, sobre todo en la producción de azúcar.

420. **Bajo el dominio francés, la esclavitud formaba parte de la economía de la isla.** Se traían esclavos de África, Madagascar y el subcontinente indio para trabajar en las plantaciones de azúcar.

421. **Como gobernador, a Mahé de Labourdonnais se le atribuye la transformación de Mauricio en una colonia próspera,** la mejora de infraestructuras como carreteras y edificios, incluido el famoso Château de Mon Plaisir en Pamplemousses.

422. **Nombrada capital en 1735 por Labourdonnais, Port Louis** se convirtió en una importante base naval y centro de construcción naval.

423. Los **británicos arrebataron Mauricio a los franceses durante las guerras napoleónicas,** en gran parte debido a su posición estratégica en el océano Índico.

424. La esclavitud fue abolida bajo el dominio británico en 1835, lo que provocó escasez de mano de obra, que se cubrió con trabajadores contratados en la India.

425. La introducción de mano de obra en régimen de servidumbre procedente de la India cambió el paisaje demográfico y cultural de Mauricio, y la cultura india influyó en diversos aspectos de la vida, como la gastronomía y la religión.

426. Bajo el dominio británico, la economía de Mauricio pasó a depender en gran medida de la producción de azúcar, que siguió siendo un producto de exportación clave durante todo el periodo colonial.

427. El establecimiento del ferrocarril por los británicos mejoró el transporte de mercancías y personas por toda la isla, impulsando las actividades económicas.

428. Los jardines botánicos de Pamplemousses, iniciados por Labourdonnais, se hicieron famosos por su colección de plantas autóctonas y exóticas.

429. Durante la Segunda Guerra Mundial, Mauricio sirvió de refugio a los evacuados de las Seychelles y de base para las operaciones militares contra las potencias del Eje en el océano Índico.

430. Mauricio se convirtió en nación independiente el 12 de marzo de 1968, tras un periodo de aspiraciones de autogobierno impulsado por el movimiento mundial de descolonización.

Exploración rusa de las islas Aleutianas
(1670-1679)

A medida que la historia de la era de la exploración continúa fascinándonos, también lo hace la historia de la exploración rusa de las islas Aleutianas. En este capítulo exploraremos más de veinte datos interesantes sobre sus viajes a las Aleutianas.

431. A finales del siglo XVII, los **exploradores rusos empezaron a interesarse por la región del Pacífico,** iniciando la exploración de Alaska y las islas vecinas.

432. **Rusia no siempre es recordada por su legado colonial en ultramar,** aunque su control sobre Alaska constituyó una de las partes más intrigantes de la historia moderna temprana de Norteamérica.

433. Además **de Alaska, los rusos también establecerían una presencia temporal en Fort Ross (Fuerte Ruso), California, en 1812,** que duraría hasta 1841.

434. **Encabezados por los exploradores Vitus Bering y Aleksei Chirikov,** los rusos recalaron en Alaska.

435. El **estrecho entre Alaska y Rusia, el estrecho de Bering,** lleva así el nombre del primer explorador que lo cruzó efectivamente por mar.

436. **El principal incentivo para explorar esta zona era la obtención de pieles de los animales que habitaban las islas.** Las nutrias marinas y las focas eran muy apreciadas.

437. **En aquella época, los principales habitantes de la región eran nativos indígenas,** con los que los rusos establecieron relaciones comerciales.

438. Tuvieron **éxito en la búsqueda de diferentes animales de peletería,** que cazaban intensamente para comerciar con sus pieles en diferentes mercados.

439. **La caza excesiva provocó problemas ecológicos y afectó a los medios de subsistencia de los indígenas.**

440. Además de establecer puestos comerciales, **los rusos trajeron consigo misioneros cristianos que difundieron el cristianismo ortodoxo oriental entre los nativos de Alaska.**

441. **Este fue uno de los primeros casos de actividades misioneras concentradas en Norteamérica** en nombre de la Iglesia Ortodoxa Oriental.

442. A finales del siglo XVIII, **quedó claro que Rusia no podría mantener un control efectivo sobre la colonia a largo plazo, ya que** era muy poco rentable cuando se descentralizaron los esfuerzos rusos de colonización y comercio.

443. **Esto impulsó a los comerciantes rusos a pedir ayuda al gobierno y crear en 1799 un amplio sistema de comercio de pieles,** conocido como la Compañía Ruso-Americana.

444. A **lo largo de su existencia, la Compañía Ruso-Americana se convirtió en una empresa de bastante éxito,** llegando incluso a financiar la primera circunnavegación rusa del mundo en 1803.

445. **La Compañía Ruso-Americana tenía su sede en la ciudad de Nueva Archangelsk,** la actual **ciudad de Sitka, Alaska.**

446. **En 1867, el gobierno ruso vendió la actual Alaska a Estados Unidos por algo más de siete millones de dólares.** Se vendieron los intereses comerciales de la Compañía Ruso-Americana.

447. Durante este periodo, los **colonos rusos catalogaron y estudiaron la flora y la fauna locales,** así como las costumbres de los nativos que vivían en estas islas.

448. **Los rusos introdujeron zorros en las islas Aleutianas y partes de Alaska con la esperanza de establecer una nueva fuente de ingresos a partir de sus pieles.**

449. **Los marinos rusos también se aventuraron en Alaska continental,** donde se encontraron con los indígenas tlingit y haida.

450. Sin **embargo, nunca llegaron a fundar asentamientos significativos tierra adentro**. En su lugar, optaron por permanecer cerca de la costa y desarrollar los puestos existentes y las relaciones con los nativos.

451. A **menudo forzaron a las poblaciones nativas a la servidumbre,** explotando su mano de obra para sus propios designios.

Exploración británica de la costa noroeste del Pacífico
(1791-mediados del siglo XIX)

Descubre quince datos fascinantes sobre la exploración británica del noroeste del **Pacífico,** como quienes fueron los exploradores famosos y los competidores que se disputaban la región.

452. En 1791, el **explorador británico George Vancouver zarpó de Inglaterra con dos barcos para explorar la costa noroeste del Pacífico de Norteamérica.**

453. La **tripulación de Vancouver estaba formada por oficiales, marineros y científicos** que buscaban oportunidades comerciales y cartografiar nuevos territorios para Gran Bretaña.

454. **Vancouver y su tripulación emprendieron su viaje desde la zona de San Francisco hacia el norte, en dirección a la Columbia Británica,** cartografiando uno de los territorios más difíciles de explorar de Norteamérica.

455. **Vancouver continuó su expedición cartografiando lo que hoy se conoce como Columbia Británica, el estado de Washington y el sureste de Alaska** entre 1792 y 1794.

456. **Cuando regresó a su país, trajo consigo muchas cartas de las zonas recién descubiertas,** que se publicaron tras su muerte.

457. Hoy, la **ciudad de Vancouver y la isla de Vancouver llevan el nombre del explorador británico.**

458. **Otras naciones, además de Gran Bretaña, habían intentado explorar el noroeste del Pacífico antes de la expedición de Vancouver, sobre todo los españoles.**

459. **La expedición de 1774, patrocinada por el nuevo virrey de Nueva España y encabezada por Juan Pérez,** llegó al archipiélago de la Reina Carlota en julio de ese mismo año.

460. **Un año después, los españoles enviaron otra expedición para cartografiar la costa y las zonas cercanas.** La región parecía atractiva por su inmensidad y misterio.

461. A finales de la década de 1780, **exploradores españoles llegaron a Nootka Sound, en la isla de Vancouver.** Su presencia provocó un estallido de tensiones entre ellos, los británicos y la población nativa de Vancouver.

462. **El incidente, conocido como la Crisis de Nootka, estuvo a punto de llevar a Gran Bretaña y España a la guerra por los derechos comerciales en la región.** Al final, las tensiones se resolvieron por medios pacíficos y los mercaderes de ambas naciones pudieron comerciar.

463. **Otro explorador británico, John Meares,** llegó a la costa noroeste del Pacífico en busca de oportunidades comerciales con Asia y trazando nuevos territorios para Gran Bretaña.

464. A finales del siglo XVIII, **países de toda Europa competían por explorar y hacerse con el control de distintas regiones del noroeste del Pacífico.**

465. **El interés por la región aumentó tras el descubrimiento de oro en el oeste de Estados Unidos y Alaska, lo que provocó una fiebre del oro.**

466. **Esto dio lugar a actividades exploratorias adicionales** que aumentaron el crecimiento de la región y produjeron nuevas disputas entre las partes interesadas.

Exploración de Australia, Nueva Zelanda y la Antártida

(1600-1911)

Este capítulo nos remite a la "última etapa" de la Era de los Descubrimientos europea: la exploración de la Antártida y la región de Australasia. A partir de finales del siglo XVII, la exploración europea se centró en esta región, lo que dio lugar a numerosos descubrimientos fascinantes que configuraron nuestra comprensión de los continentes australiano y antártico.

467. La **"mítica" Tierra del Sur, Terra Australis, fue buscada por muchos navegantes europeos, lo que** influyó en la exploración del hemisferio sur.

468. En 1606, **el navegante holandés Willem Janszoon, a bordo del Duyfken, avistó Australia por primera vez.**

469. En 1642, **Abel Tasman, otro explorador holandés, fue el primer europeo en avistar Nueva Zelanda y, más tarde, Tasmania**, a la que bautizó como **Tierra de Van Diemen.**

470. **El viaje de Abel Tasman supuso el primer encuentro europeo con los maoríes de Nueva Zelanda.**

471. **La introducción de enfermedades europeas tuvo efectos devastadores en las poblaciones indígenas** de Australia y Nueva Zelanda.

472. **William Dampier, bucanero y navegante inglés,** desembarcó en la costa noroeste de Australia en 1688, siendo el primer inglés en pisar suelo australiano.

473. El **primer viaje del capitán James Cook, que duró de 1768 a 1771,** incluyó la cartografía de toda la costa de **Nueva Zelanda** y **la costa este de Australia,** reclamando esta última para Gran Bretaña.

474. **En su segundo viaje, Cook cruzó el Círculo Polar Antártico por primera vez en la historia.**

475. En su tercer viaje, en 1777, **Cook regresó al Pacífico y** siguió explorando las islas polinesias.

476. En 1788, **la Primera Flota llegó a la bahía de Botany,** marcando el inicio de los asentamientos penales británicos en Australia.

477. En 1824, **los británicos reclamaron formalmente la posesión de toda Australia como Nueva Gales del Sur.**

478. **George Vancouver exploró la costa suroeste de Australia en 1791,** detallando aún más el litoral del continente.

479. Entre 1797 y 1798, **George Bass y Matthew Flinders demostraron que Tasmania era una isla** circunnavegándola.

480. El **viaje de Matthew Flinders** en el *Investigator* fue el primero en circunnavegar Australia e identificarla como continente.

481. **Charles Darwin visitó Nueva Zelanda y Australia en 1835 y 1836,** ofreciendo observaciones científicas críticas sobre la geología y la biología de la región.

482. En 1873, **el HMS Challenger exploró las profundidades marinas cerca de Nueva Zelanda,** ampliando el conocimiento de la biología marina.

483. **William Smith descubrió las islas Shetland del Sur en 1819,** iniciando la era de la exploración antártica.

484. **En 1820, Fabian Gottlieb von Bellingshausen, explorador ruso,** avistó la Antártida continental.

485. A principios de la década de 1830, **James Clark Ross realizó estudios magnéticos** en la Antártida y alrededor de Australia y Nueva Zelanda.

486. **Charles Wilkes dirigió la Expedición Exploradora de Estados Unidos a la Antártida** en 1840, reclamando una porción del continente para América.

487. **En 1841, James Clark Ross descubrió el mar de Ross y la plataforma de hielo de Ross.**

488. El **descubrimiento de oro en Nueva Gales del Sur y Victoria en 1851 dio lugar a la fiebre del oro australiana,** que aumentó considerablemente la población.

489. En la década de 1890 se **descubrió oro en Australia occidental, lo que dio lugar a una segunda fiebre del oro** que impulsó aún más el desarrollo y el crecimiento demográfico de la región.

490. En la **década de 1860 numerosas expediciones exploraron el interior de Australia,** revelando la dureza y variedad de sus paisajes.

491. **La expedición Challenger de 1872-1876, un viaje científico mundial, llevó a cabo extensas investigaciones oceanográficas alrededor de Australia, Nueva Zelanda y las profundidades del océano Antártico.**

492. **El primer Año Polar Internacional, celebrado en 1882,** fue un esfuerzo de cooperación centrado en los fenómenos meteorológicos y geofísicos de las zonas polares.

493. **Carsten Borchgrevink afirmó ser el primero en pisar tierra firme en la Antártida, en Cabo Adare,** en 1895.

494. En 1899, **la Expedición Antártica Británica, dirigida por Carsten Borchgrevink, fue** la primera en invernar en el continente antártico.

495. **La expedición *Discovery*, dirigida por Robert Falcon Scott, realizó trabajos científicos y de exploración en la Antártida** de 1901 a 1904.

496. **La expedición *Nimrod* de Ernest Shackleton alcanza un nuevo récord de distancia al sur:** sólo estuvo a noventa y siete millas del Polo Sur.

497. En 1908, **Douglas Mawson, geólogo australiano,** exploró amplias zonas de la costa antártica.

498. **La malograda expedición *Terra Nova* de Robert Falcon Scott alcanzó el Polo Sur,** pero trágicamente todos los miembros del grupo murieron en el viaje de regreso.

499. En 1911, el **noruego Roald Amundsen alcanzó el Polo Sur,** superando a Scott y convirtiéndose en la primera expedición en lograrlo.

500. En 1953, **el neozelandés Sir Edmund Hillary, junto con Tenzing Norgay,** se hicieron famosos por su conquista del **Everest,** pero Hillary también fue fundamental en las expediciones antárticas de mediados del siglo XX.

Conclusión

Los últimos cinco siglos han sido testigos de una exploración y expansión sin parangón por parte de las potencias europeas. Desde el viaje de **Cristóbal Colón** a las Américas, **las exploraciones portuguesas de África, India y Brasil, la colonización española de México, América Central y del Sur,** así como **el viaje del capitán James Cook a Nueva Zelanda,** este libro ha explorado algunos de los **viajes más importantes de Europa** desde 1415 hasta 1800.

Desde el corsarismo en alta mar hasta la colonización inglesa en Norteamérica, estas historias demuestran que **los europeos eran conquistadores decididos con grandes sueños para grandes territorios,** aunque fuera a costa de los que ya vivían allí.

Mira otro libro de la serie

Fuentes y referencias adicionales

"Exploración de África". Worldhistory.org, 2020, https://worldhistory.org/exploration-of-africa/.

"El príncipe Enrique el Navegante". Encyclopedia Britannica, Encyclopedia Britannica, Inc., 26 de junio de 2019, https://www.britannica.com/biography/Prince-Henry-the-Navigator.

Cohen, Jeffrey. "Cristóbal Colón: Biografía y logros". Enciclopedia Británica, 20 de mayo de 2020, https://www.britannica.com/biography/Christopher-Columbus.

"Cristóbal Colón". History, A&E Television Networks, history.com/topics/exploration/christopher-columbus.

"India portuguesa". Encyclopedia Britannica, Encyclopedia Britannica, Inc., 22 ene. 2021, www.britannica.com/place/Portuguese-India.

Elliott, J. H. España Imperial 1469-1716. Penguin Books, 2003.

"Las primeras exploraciones europeas: Los conquistadores españoles". National Geographic Society, 22 de junio de 2018, www.nationalgeographic.org/encyclopedia/early-european-exploration-the-spanish-conquistadors/.

Crampton, Julia. "Fernando de Magallanes". Biography.com, A&E Television Networks, 8 Sept. 2020, www.biography.com/explorer/ferdinand-magellan

Franklin, Rachel. "Las Islas de las Especias: Historia y significado". History.com, A&E Television Networks, 9 abr. 2019, www.history.com/topics/exploration/spice-islands

"La conquista de México por Hernán Cortés". History.com, A&E Television Networks, 8 de julio de 2019, www.history.com/topics/exploration/hernan-cortes-conquest-of-mexico.

Solano, Matías. "La conquista española del Perú: Francisco Pizarro", Enciclopedia de Historia Antigua, 4 mar. 2021, https://www.ancient.eu/Pizarro_Franci/

"Jacques Cartier y la exploración de Canadá". CanadaHistory.ca, www.canadahistory.com/sections/Exploration/JacquesCartier.html.

"Misiones jesuitas en América Latina | Historia | Smithsonian Magazine". Smithsonian Magazine, Smithsonian Institution, 20 dic. 2017, www.smithsonianmag.com/history/jesuit-missions-in-latin-america-1213521/.

Shaw, Earle. "El legado de la dominación española en Filipinas". Research Gate, www.researchgate.net/publication/316631946_The_Legacy_of_Spanish_Rule_in_the_Philippines.

"La colonia de Jamestown". Jamestown-Yorktown Foundation, Fundación Jamestown-Yorktown, 2020, jamestownyorktown.org/jamestown-story/jamestown-colony/.

Steel, Ronald. "El legado holandés en Indonesia". History.com, A&E Television Networks, 10 de junio de 2011, https://www.history.com/news/the-dutch-legacy-in-indonesia.

MacDougall, Eliza. "La expansión británica en los siglos XVI y XVII". 16th & 17th Century British Expansion, Scholarly Commons, digitalcommons.conncoll.edu/cgi/viewcontent.cgi?article=1164&context=historystudentprojects.

"La Colonia de la Bahía de Massachusetts". Plimoth Plantation, 2020, www.plimoth.org/learn/just-kids/homework-help/massachusetts-bay-colony.

"Mauricio". Britannica, The Editors of Encyclopedia Britannica, https://www.britannica.com/place/Mauritius-island-Indian-Ocean.

"Exploración británica del noroeste del Pacífico". Universidad de Oregón. Consultado el 13 de abril de 2021. https://uoregon.edu/~rludeke/GeoNotebook/Ch%20Elliottbay/britishesp.html.